JN107348

A HANDBOOK for
THE AGE OF NO ANSWERS

答えのない時代の教科書

社会課題と
クリエイティビティ

著者：博報堂 ソーシャル・クリエイティブ・プロジェクト
編集協力：『WIRED』日本版

PROLOGUE

嶋 浩一郎
Koichiro Shima

いまこそ、

社会課題に

クリエイターの

視点を

自分の仕事はクリエイティブなアイデアでクライアントの課題を解決すること。
だから時々、クリエイティビティとは何か?ってことを議論することがある。
しかし、クリエイティビティの定義は人それぞれでなかなか難しい。

自分は「クリエイターの役割は世の中に新しい視点を提示すること」だと思っている。
世の中こう見たらどうだろう?という問題提起を思いも寄らない方向から投げかけて人を動かす。それがクリエイターのやるべきことだと思っている。

地球温暖化の危機については多くの人が理解している。わかっているはずなのに、その問題について関心をもったり、行動を起こそうとするのはなかなか億劫で、杓子定規に「地球温暖化対策に取り組みましょう」と言われても人は動かない。人間はそんなに合理的にできていないし、いままで続けてきた習慣を、もっと合理的なやり方があるとわかったとしても、そう簡単に変えられない。それが人間。
そして、その人間によって未来が、つまり歴史がつくられる。新しい当たり前が生まれるためには人間に働きかける以外ないのだ。

本書で取り上げられている「注文をまちがえる料理店」は、認知症の人たちが社会で活躍できる場をつくっていこうという取り組みだ。この企画の運営母体は、認知症の人たちが働くレストランを試験的に開いている。
「飲食店は注文を間違えてはいけない」というのが世の中の常識だろう。でも、このレストランの考え方は、「認知症の人たちが働いているので、もしかすると注文を間違えてしまうかもしれません。それでもいいですよね?」とい

うことだ。いままで既存の飲食店では考えたこともなかっ
た視点で運営されている。

確かに、そう言われると、多様性を認め合う世界のため
に、そんなレストランがあってもいいかもしれないと思え
てくる。実際、イベント現場ではお客さんと認知症の従業
員との間に会話が生まれ、いままで接する機会がなかっ
た認知症への理解も進んだという。

「注文を間違えるレストランがあってもいいじゃないか」と
いう視点は人の心を揺さぶるメッセージだ。社会問題の当
事者は目の前の問題解決に追われていて、その手があっ
たか！という視点をもつのはなかなか難しい。社会を見渡
す大きな視点をもっている、そして、人の心を動かす技術
をもっているクリエイターだからこそ、新しい当たり前を世
の中にもたらす視点を提示できるのではないかと思う。

本書では、多くの社会課題に対してクリエイターが、当事
者がなかなか気づけなかった新しい視点を投げかけた
事例が多数紹介されている。高齢化、過疎化、低所得層
の増加、社会の分断、日本は社会課題大国と言われて久
しい。しかし、多くの課題が膠着化しているように感じる。
社会課題の解決にいまこそ、新しい視点、つまりクリエイ
ティビティが必要なのではないか？

博報堂入社後、コーポレート・コミュニケーション局で企業のPR活動に携わる。2001年
朝日新聞社に出向。スターバックス コーヒーなどで販売された若者向け新聞「SEVEN」編
集ディレクター。02年～04年に博報堂刊『広告』編集長を務める。04年「本屋大賞」立
ち上げに参画。現在NPO本屋大賞実行委員会理事。06年既存の手法にとらわれない
コミュニケーションを実施する「博報堂ケトル」を設立。12年内沼晋太郎と東京下北沢に
本屋B&Bを開業。20年博報堂執行役員。

<u>INDEX</u>

近山知史　Satoshi Chikayama

博報堂 エグゼクティブクリエイティブディレクター

答えのない時代に
「この指止まれ」を実現する

複雑化し、多様化する社会にあって、クリエイティブ
の本領はいかに発揮されていくべきか？ 認知症を抱
える人々がホールスタッフとして働ける「注文をまちがえ
る料理店」や、ペダル付き車いす「COGY」のクリエイ
ティブを手掛けたクリエイティブディレクター・近山知
史は、本書に並んだプロジェクトを眺めながら、広告
クリエイティブの本懐である「小さな声を大きくする」
ことの重要性を語る。

「共感のスイッチ」を入れる力が求められている

──ペダル付き車いす「COGY」や認知症を抱える人々がホールスタッフとして働ける「注文をまちがえる料理店」など、自身のキャリアのなかでさまざまな社会課題のヒントとなるプロジェクトに携わってきたクリエイティブディレクターとして、社会の変化をどのように捉えていますか?

クリエイティブディレクターとして感じるのは、社会が複雑化し、さまざまな課題が立ち現れるなかで、大企業からスタートアップ、自治体、個人まで、わたしたちに相談をしてくれる方々が「アイデンティティの喪失」に直面しているということです。

例えば、企業が商品を生活者に届けるためのブランドコミュニケーションを行なおうとしたとき、これまでは商品をいかに広く届けるか、つまりより多く売るかを考えればよかった。しかし、いまは企業が行なうコミュニケーションの違和感に生活者が気づきやすく、かつそれに対して声を上げることができる社会になっています。企業がどれだけ正しいメッセージを発していたとしても、そこに内実が伴っていなければすぐに見透かされてしまうのです。

だからこそ、企業は商品を売る前に、「わたしたちは何者なのか」「何のために存在しているのか」という問いに向き合わなければならなくなっています。そして、その問いに向き合うということは社会に向き合うことでもあります。ブランドのコミュニケーションに限らず、あらゆる領域で社会のことを念頭に置くことが避けられない状況になっているのです。同時に、社会が複雑化するなか

で企業は「わたしたちはこのままでいいのか」「これから何をすればいいのか」という悩みを抱えていると感じます。

──そうしたなかで、クリエイティブの思考はどのように変化しているのでしょうか?

これまでのクリエイティブというのは、どうしてもメディアによって役割が分かれ過ぎているところがありました。広告会社のなかでもストラテジー、営業、PR、デジタルというように、さまざまな役割が細分化して、それぞれのプロがいる。例えば、伝統的なクリエイティブエージェンシーの手法では、ひとつのキャンペーンやプロジェクトをつくっていくにあたって、アートディレクターとコピーライターがタッグを組むのが一般的でした。しかし、それはよく知られた既存のメディアやタッチポイントに沿ってアイデアを開発するうえでは効率がいいのですが、メディアが多様化しブランドの構築が非常に複雑化するなかで、それだけでは立ち行かなくなっているのが現状だと考えます。もちろん各領域に専門家がいることは必要ですが、それらの知見がより統合されてアイデアとして集約されていく「共創の環境」も、クリエイティブチームにはより求められるようになりました。

──その「共創の環境」において、近山さんのようなクリエイティブディレクターの仕事というのはどのようなものになるのでしょうか?

いまの時代の最強のクリエイティブチームは、専門家だけにとどまらず、コミュニケーションや表現開発の経験や知見を問わずさまざまな人間

がいて、その人たちを会議や打ち合わせのなかでたくさん喋らせることができるリーダーがいるチームだと考えています。

いい会議とは、頭のなかですぐにイメージが湧くヒントやディレクションをクリエイティブディレクターが出し、その場にいる全員が理解／共感して自由闊達に話せる場です。「この課題って難しく見えるけど、実はこういうことなんじゃないか」「こういうことをしたらみんながうれしいんじゃないか」。会議に参加するすべての人たちの頭のなかにあるスイッチを入れる一言やアイデアによって、「なるほど、じゃあこうかもしれませんね」と、全員がクリエイティブのプロセスに参加し出す。しかし、その共感するスイッチが入らないと、たちまちリーダーであるクリエイティブディレクターだけがアイデアを出して気持ちよくなるだけの「つまらない会議」になってしまいます。クリエイティブディレクターの大きな仕事のひとつは、会議室にいる人たち全員がクリエイティブになるためのスイッチを入れることだといえます。

───まず、クリエイティブチームの内部がクリエイティブではない状況をつくらないようにするということですね。

さらにそこから、盛り上がった会議室の光景やアイデアを世の中で再現することにクリエイティブの本領が発揮されていく必要があります。いちばんやってはいけないのは、オフィスに人を集めて会議室の中だけですべてを決めること。会議室の外に出て考えることが、いまの時代にクリエイティブを担うわれわれに求められていることではないでしょうか。

───会議室の外に、ですか？

うまくいっているプロジェクトは、リーダーやメンバーが現場に行って、多様な声を聞いたり議論したりしているように思います。わたし自身も多くの提案、そして失敗を重ねるなかで感じるのは、会議室の中でロジックだけをひたすら研ぎ澄ましても、プロジェクトはうまくいかないということです。自分たちは自分たちで一生懸命やっているつもりだから、「いいアイデアなのになぜうまくいかないんだろう」と思いがちだけれども、さまざまな問題や課題に直面する企業、自治体、個人など、同じ気持ちをもつそれぞれの当事者の思いからスタートしなければ、それがどれだけ素敵なアイデアだったとしても自分たちの思いだけで空回ってしまいます。

つまり、現場に行くだけではなく、話すことですよね。クライアントや困っている人ととにかくたくさん話すこと。わたしは高齢者や障がいをもつ方との仕事に多く携わってきましたが、現場に行って会話を重ねると、自分が考えていることと当事者の方々との認識にズレがあることに気づかせてもらえることが多々あります。

いま社会のなかで顕在化している問題は、その数も複雑さも増しています。さまざまな人々がぶつかって、時間をかけて会話をしていきながら取り組まなければ、それらの問題にはもはや立ち向かっていけない、というのがわたしの肌感です。当事者と当事者の外にいる人々、そして社会とをつなげることがクリエイティブには必要で、そのヒントは現場のリアルな会話のなかにあるはず。それなくして、社会課題解決も何もありません。

もちろん、クリエイティブに携わる人々は、本質的にはそれが大事だとわかっているはず。しかし、効率を重視すると四六時中現場に足を運んでいるわけにもいかないし、会議もクリエイティブワークも信頼できるいつものメンバー、同じ職種、同じ会社で固定されてしまいがちです。わたしはそんな時代を早く終わらせたい。会議室で表層をなぞっただけでは社会課題解決のヒントは得られないからです。

**現場と世の中が握手できる
ポイントを探る**

──目の前に複雑で大きな課題があったとき、長期的な視点をもった取り組みが重要になるわけですが、システムや構造が解決できる部分もありつつ、同時に個人の熱量もやはり必要ですよね。

それがないと長続きしないですね。わたしがプロジェクトで重要視しているのも、心からそれをやりたいと思える人がチームのなかにいるかです。当たり前のことですが、「やりたい人がやる」ということ。なんとなく「これをやれば社会や顧客からよく見える」だけでは、絶対にゲームチェンジは生まれない。起点にあるのがごく個人的な思いだったとしても、「わたしはこれに取り組みたい」という強い思いをもった人が中心にいること。その人の実感を伴った小さな声から始めること。結局それがすべてで、個人の小さな思いの先に社会課題解決という結果がついてくるはずです。

──この本でフォーカスしている事例を見ると、どれもプロジェクト担当者や悩みを抱えた当事者の方々

の強い熱量が中心にあるように思います。

そうですね。本当に粘り強く現場に通って、さまざまな人たちと対話を続けているものばかりだと思います。

加えて素晴らしいと思うのは、受け手にしっかりと思いを馳せたコミュニケーションを試みようとしていることが、プロジェクトの名前をぱっと見た時点で感じられる点です。自分たちの思いが先行し過ぎてちょっと伝わらないものになっていたり、問題意識が当事者で閉じてしまわないためにどうやって開こうか。どうやったらみんなに好きになってもらえるか。その手触りまで考えて試行錯誤を重ねていることがすぐにわかります。

──小さい声かもしれないけれども個人の実感を伴った具体的な思いや熱量が中心にありつつ、同時に当事者のなかだけで閉じないコミュニケーションをデザインしていく。これが、会議室で生まれたアイデアを世の中で再現するために発揮できるクリエイティブの本領だということですよね。

当事者のなかで終わらせずに、世の中とどれだけ大きく握手できるポイントをつくれるかが、クリエイティブに携わるわたしたちの仕事です。当事者に閉じてしまうと拡がりが失われて他人ごとで終わってしまう。それに、「困っている人を手っ取り早く助けられさえすればそれでいいじゃないか」というのは、すごくつまらない世の中だと思うんです。わたしは足は不自由じゃないけれど、足の不自由な方に想像を巡らせることができるようになる。そのほうがすごく人間らしいじゃないですか。だからこそ、

これまで部外者だと思っていた人々が少しでも刺激されて、思いを馳せることができるクリエイティブをつくっていく必要があるんです。

携わったプロジェクトを振り返ると、最初から社会課題を解決したい！ という大きな意識をもって始まったわけではありません。現場の小さな声に耳を傾けて、そこにある壁を都度取り払っていくこと。そして現場と世の中が握手できるポイントを探ることに全力で勝負をしてきただけです。

ものすごく大きな社会の課題に対して漠然と解決しようとしてもただの啓発で終わってしまうので、社会は動いていきません。だから小さな声と個人の熱量からスタートする。同時にその思いを最大化させるために、社会とのコミュニケーションを考える。一見遠回りに見えるかもしれませんが、それによって問題意識と取り組みが社会のなかで自走していき、当事者に巡ってくるのだと思います。

「この指止まれ」を
実現する言葉

──世の中と握手できるポイントを探ることで何かしらのヒントを得たとき、それを具現化して世に届けるにあたってのクリエイティブの武器はどこにあると思いますか？

博報堂という広告会社、そして自分が考えるクリエイティブディレクターの役割と重ねて考えたとき、それは「言葉」だと思います。社会課題に取り組む行政・自治体、民間企業、生活者、そしてクリエイティブを仕掛けるわたしたち。それぞれの目線が合い、集まることができる、「この指止まれ」を実現する言葉をいかにつくれるか。元NHKディレクターの小

国士朗さんが発起人となり、長年介護福祉事業に携わる和田行男さんらとともにわたしが携わった、認知症の当事者の方々が働く期間限定レストラン「注文をまちがえる料理店」も、このタイトルと同プロジェクトの価値観を表す「間違えても、ま、いっか」という言葉がすべてだったと感じます。

さまざまな議論が起こるであろうことが考えられるなかで、実際に「認知症の方々が間違えることを前提にしていて、それを面白おかしくしている」という意見もありました。実際には、認知症を抱えるみなさんが働くときにできる限り間違いが起きないようなレストランの設計など、プロジェクトの内部ではさまざまな試行錯誤を重ねています。それは、イベント準備のためのヒアリングの場で当事者の方がポツリと発した「わたしたちも間違えるのはイヤなんです。あなたたちもそうですよね？」という言葉に、頭を思いっきり殴られたような、大きな衝撃をわたしたちが受けたからでもあります。その方はさらに、「でも間違っても笑って許してもらえたら心が楽になります。それもみんな同じですよね」と言ってくださいました。間違いを受け入れてくれる環境や社会が必要なのではないか。そんな思いが「間違えても、ま、いっか」という言葉に集約されて世の中に送り出されています。

──これは認知症の当事者だけに閉じない、いまの社会に存在するすべての人々が共感しうる、あるいは思いを馳せることができる言葉でもありますよね。

だからこそ、みんなが集まり、インスパイアされたプロジェクトが全国のさまざまな所で自発的に起きてい

かかわるすべての人を

クリエイティブにしていくこと。

それがクリエイティブディレクターの

仕事だと思っています。

るのではないでしょうか。

従来的なデザイン領域に自閉したグッドデザインではなく、デザインによる公益（＝パブリックグッド）を模索し続け、『マッシヴ・チェンジ』『S, M, L, XL』などの著書でも知られるアートディレクターのブルース・マウは、「自分の行動にゼロを9個つけてみよう（1億倍してみよう）」と語っています。これは、例えば自分が道にゴミを捨てたりご飯を残したときに、それが1億人がやった行動だと考えてみよう、というものです。自分の行動が起こす全体への影響について、人間はなかなか意識できないものです。しかし、「1億倍しよう」という言葉によって、自分の行動の影響を一気に認識することができる。それが言葉やクリエイティブの力なのだと思います。

同時に、事の深刻さを悲観的に啓発するだけでは充分でないのも事実です。気候危機やエネルギー、少子高齢化、人種・ジェンダーのイクオリティ、経済、教育といったあらゆる格差などの諸問題は誰がどう考えても待ったなしの状況にある現在の世界で、その深刻さを伝えるデータや事実はいくらでもある。しかし、それでもその改善は遅々として進まない。そうしたとき、これからもっと必要になってくるのは「温かさ」なのではないかと思っています。

──「温かさ」とは具体的にどういうことでしょうか？

料理店の発起人である小国さんとよく話すのは「北風と太陽」の例え話です。「こうしないと本当にまずい」と警鐘を鳴らすのは、どれだけ強い風を吹き付けても旅人の服を脱がせることができなかった北風のアプローチ。しかし、これから必要なのは、旅人に服を脱がせる太陽のアプローチなのではないか、と。ポカポカと温めることで、世の中をよりよい方向へ少しずつ向かわせることが最強のクリエイティブで、そこには言葉が担うことができる可能性が大いにある。社会課題解決における最強のクリエイティビティとは「北風と太陽」の太陽なのだと思います。

京都議定書で掲げられた、国内の温室効果ガス排出量を1990年と比べて6％削減することを実現するための活動の一環である「チーム・マイナス6％」において、博報堂が生み出した「クールビズ」という言葉は、「この指止まれ」を実現した太陽のアプローチだったと思っています。どれだけ暑くても夏にネクタイを外さず、ジャケットを脱がなかったわたしたちが、「クールビズ」という言葉が生まれた瞬間に変わり、それが社会の新たな共通認識になっていった。ブルース・マウの言葉も見方を少し変えて、自分のできる範囲での小さな行ないを1億倍する、と考えれば、それは太陽のアプローチになりますし、それこそがまさに「アイデア」ではないかと思っています。

**主語をどんどん
大きくしていく**

そうした意味で本書には、現場にあるリアルな実感と熱量を土台に、会議室を出て社会との結節点となる温かいコミュニケーションを探った、素晴らしいプロジェクトが並んでいます。同時に、わたしも含めてまだまだできることはたくさんあるとも感じます。

──それはどのような点になるのでしょうか？

先ほど述べたように、わたしは多くの人をクリエイティブにしていくことがクリエイティブディレクターの仕事だと思っています。とすると、特に社会課題というものを考えたとき、より広い範囲でそれを行なっていく必要がある。政府、行政・自治体、企業、団体、コミュニティ、生活者、クリエイター、それぞれのプロジェクトにはそれぞれの主語がありますが、そのなかに閉じずにどこまで主語を大きくできるかがこれからの勝負になるはずです。

本書の事例は一つひとつの事例としてとても素晴らしいですが、それをもっと増やしていかないといけないし、最終的にはそれらがすべて線となって、さらに大きい取り組みに結びついてスケールアップしていかないといけません。例えば世界中のクリエイティブワークを審査し表彰する「カンヌライオンズ国際クリエイティビティ・フェスティバル」の受賞作を見てみると、世界のクリエイティブが取り組む課題はテーマの幅、共感の大きさ、主語が非常に大きい。

―― 主語の大きさ、といいますと？

例えば、海外に目を向けると、パラオ共和国に入国する観光客に対して環境保護誓約への同意を求めるために、パスポートのスタンプのデザインを「誓約書」に変えた「パラオ・プレッジ（Palau Pledge）」など、国や政府が主体となった施策のなかにクリエイティブが介在し、たくさんのプレイヤーが手を取り合って主語を大きくすることで、より大きな課題解決に取り組み、解決に向かっていくという試みが多くなされています。

―― 生活者や民間のクリエイティブによって小さな課題が大きな主語で捉えられて「みんなの課題」に変わっていくと。

いまの社会の諸問題は、なかなか「わたしたちの課題」になりにくい。課題は多くの人が認識しているけれども、社会に浸透して「みんなの自分ごと」になっていません。

認知症の方々が抱える問題、ジェンダーの問題、少子高齢化問題などの存在は誰でも知っているし、何とかしないとダメだということはわかっているけど、問題が大きすぎて「そういう問題があるよな、大変だよな。本当にヤバいよな」で終わってしまう。世の中にある課題を自分ごととして捉えるためには、より自分に近い争点設定が必要で、みんなが腰を上げるためのアジェンダが必要なんです。そこにはクリエイティブの介在する余地が大いにあります。

日本は社会課題先進国と言われて久しいですし、誰もが「そろそろなんとかしないと」と思っている。でも解決していかない。つい、目の前にあるたくさんの社会課題に気を取られて暗い気持ちになってしまう。でも、わたしは少し違う捉え方をしています。例えば、自分が社会に出たばかりのころを振り返ってみても、お酒が飲めないのも「気合が足りない、社交性が足りない」で済まされることが多かった気がします。つまり、共感力が低い社会だった。

社会課題に溢れているという現代の状況は、別の視点から見れば、泣き寝入りすることが少なくなった社会、「たったひとりで悩まなくてもいいよ」と言ってくれる共感性の高い社会でもあると思うんです。それは、ひとりの悩みや困っていることを誰かがすくい上げた結果の積み重ねだと思いますし、わたしはそれを一番大きなスケールで実現できる世の

中にしたいと考えています。

—— 「小さな声を大きくする」ことは広告クリエイティブの本懐でもありますよね。

　わたしのようなクリエイティブディレクターの仕事は、かつては企業課題、そのなかでも宣伝やプロモーションを課題と捉え、対企業の宣伝部長を念頭に行なうものでした（クリエイティブディレクター1.0／CD1.0）。それが次第に事業創造、つまりはCEOにクリエイティブの力が向き合うことが求められていきました（CD2.0）。そして、CD3.0がこれから向き合うべきは社会課題であると同時に、すべての社会課題にクリエイティブディレクターが介在する時代へと進化していくと考えています。もっといえば、すべての人々がクリエイティブな思考を必要とし、取り入れる時代が始まると考えています。少なくともわたしは、自分が社会課題解決の専門家だとは思っていませんから、あらゆる領域の知恵、視点、技術、あらゆるものを結集しなければ、社会課題には立ち向かっていけない。官民「連携」を超えた、官民「共創」のクリエイティブが絶対に必要なんです。

　そのときのわたしたちの仕事は、結集したものを掛け算し、小さな思いを大きなものにして世に出していくこと。社会課題解決という言葉を一時的な流行りで終わらせず、社会課題解決をメニューにしたクライアントや社会への都合のいい売り文句にしないことです。

　そのためには、その掛け算にあてはめていく因数もどんどん増えていかなければなりません。わたしたちの社会も、クリエイティブもターニングポイントを迎えており、待ったなし

の状況ですが、そんな時代だからこそ、わたしは競合、民間、公共、さまざまな垣根を超えて人々がクリエイティビティを発揮できる環境をつくっていきたい。この本を読んだ方にも、「こんなことを感じた」「わたしも考えてみた」というふうに気軽に意見をシェアしてほしいなと思いますし、わたしたちと「ちょっと喋ってみたいな」と少しでも感じていただけたらうれしいです。

博報堂 エグゼクティブクリエイティブディレクター。博報堂入社後、2010年TBWA\CHIAT\DAYにて海外実務経験を経て現職。グローバル企業の戦略・ブランディングからエンタメコンテンツ制作まで活躍は幅広い。カンヌライオンズゴールド、アドフェストグランプリ、ACCグランプリなど受賞歴多数。

INTERVIEW

SOCIAL ISSUES AND CREATIVITY

11 CASE STUDIES THAT INSPIRE AND CHALLENGE

「社会課題」×「クリエイティビティ」
11のケーススタディ

CHAPTER 1

生きる、を変える

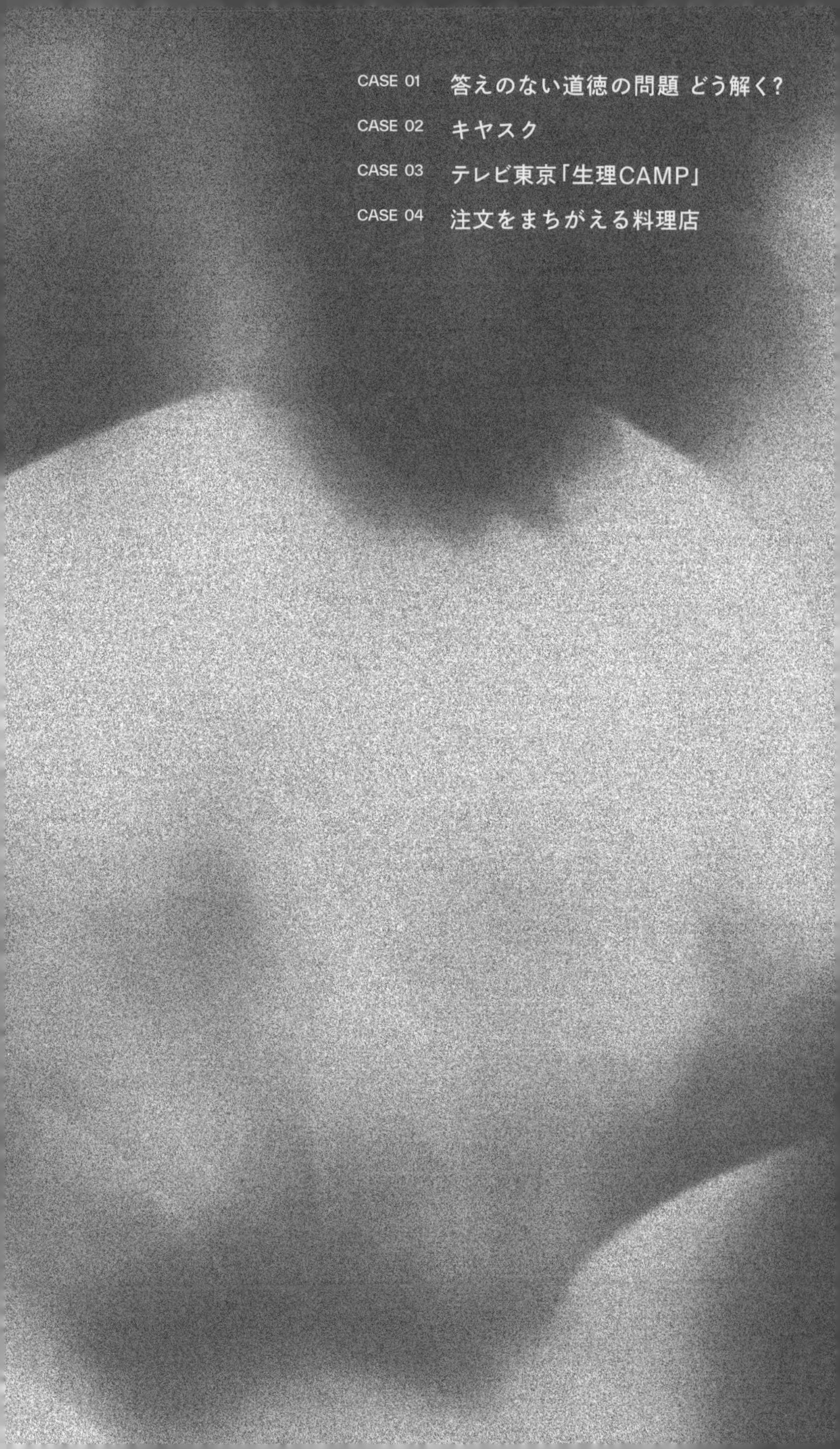

CASE 01　答えのない道徳の問題 どう解く?

CASE 02　キヤスク

CASE 03　テレビ東京「生理CAMP」

CASE 04　注文をまちがえる料理店

A MORAL QUESTION WITHOUT AN ANSWER

答えのない道徳の問題

どう解く？

ぶん：やまざきひろし　え：きむらよう・にさわだいらはるひと・小学生のみんな

CASE 01

答えのない
道徳の問題
どう解く？

奇抜なアイデアはいらない
自由な広告で「問い」を投げかける

はじめての子育てをするなかで、子どもがもらしたあ
る言葉をきっかけに制作した、答えのない「問い」そ
のものを投げかける絵本。選択したのはいわゆる「デ
ジタル系」ではないメディアであったが、それがその
後、メディアを飛び越えて拡がっていく。

ISSUE
社会課題
何を課題と捉えた？

「答えのない問題」について話す
「コミュニケーションツール」がない

INSIGHT
視点
解決の糸口となったポイントは？

「問い」に想いを馳せられる
アナログメディア（絵本）の可能性

ACTION
実装
具体的に何をした？

絵本『答えのない道徳の問題 どう解く？』を制作

KEY PLAYER

山﨑博司
Hiroshi Yamazaki

博報堂 クリエイティブディレクター／コピーライター。「言葉の力
で、社会を動かす」をモットーに、コピーを軸にした統合キャン
ペーンや社会課題解決業務を手がける。受賞歴に 2021 クリ
エイター・オブ・ザ・イヤー、TCC最高新人賞、TCC賞、ACC
グランプリなど。著書に『答えのない道徳の問題 どう解く？』1 巻
／2巻〈ポプラ社〉がある。

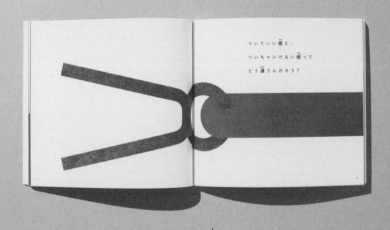

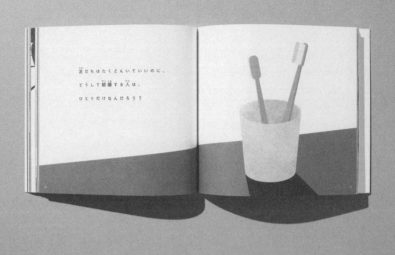

友だちはたくさんいていいのに、
どうして結婚する人は、
ひとりだけなんだろう？

どうして大人になったら、
働かなきゃいけないんだろう？

「青って男の子のものだよね」「これって女の子が観る番組だよね」

　子どもが保育園に通っていた2016年のある日、山﨑博司はそんな言葉を子どもの口から聞いて驚いた。親として教えたわけではない。保育園でもそんなふうには教えていないはずだ。それでも、子どもは生きていくなかでおのずと社会に根づいているジェンダー観を身につけてしまっているのだ、と。「子どもがその発言をしたときはすごく気になりましたね」と山﨑は振り返る。「こんな時期からそういった意識が芽生えてしまうんだ……と思ったんです」

　当時は自身にも子どもが生まれ、日々一緒に仕事を行なう同僚にも子どもが生まれたタイミングで、職場では教育や子育てに関する会話が増えていった。そのなかで、親として子どもと話し合っていかなければいけない「答えのない問い」がいくつもあることに山﨑は気づくことになる。学校でも家庭でも「いじめをするのはダメだよ」とは言われるが、「なんでダメなの?」は話されない。「人を殴っちゃダメだよ」とは言われるが、「なんでダメなの?」は話されない。

「本当はそういう話って親子でしたほうがいいし、そういうところから深い議論って生まれるんだろうと思ったんです。そんな親子のコミュニケーションを触発させるようなことをしたいと考え始めることになりました」

　広告会社として、最初は道徳的な問題に取り組む企業やブランドを応援することができないかと山﨑は考えたが、なかなかそうした企業は見つからなかった。「だったら自分たちで、『答えのない問い』について親子で話し合えるコミュニケーションツールをつくればいいんじゃないか」と思いつく。後に絵本となる『答えのない道徳の問題 どう解く?』のアイデアが生まれた瞬間だった。

優れた企画は「自分ごと」から生まれる

　1983年岐阜県生まれの山﨑は、大学と大学院では建築を学んだ。在学中、博報堂のインターンシップに参加したことがきっかけで広告の仕事に興味をもち、2010年に博報堂へ入社。与えられた条件のなかでクライアントの課題解決を行なうこと、そして、ひとつの正解がないなかで自分の発想力で勝負をすることは、建築を学んだ山﨑の性に合っていた。設計対象を空間から言葉に代えて、彼はコピーライターとしてのキャリアをスタートさせることになった。

　そんな山﨑の転機になったのは、2013年に書いた1本のコピーだっ

た——「ボクのおとうさんは、桃太郎というやつに殺されました。」

「しあわせ」をテーマに日本新聞協会が主催した広告コンテストに応募をしたこのコピーが、最優秀賞を受賞。それが新聞広告として掲載されると教育業界からも注目を集め、岡山県の中学校の先生からの相談で、異なる視点から桃太郎の話を議論する授業をつくることにまで発展した。広告的手法を使うことで、生徒がみずからの頭で社会の問題を考えることを促したそのワークショップは、"正解"のある問題を解くことに慣れてしまった生徒たちにも、学校関係者たちにも好評で、先生たちの間に口コミで拡まっていったという。

この「桃太郎」での経験が、『どう解く?』にもつながっていると山﨑は語る。1本のコピーを書いたことによって、教育分野においてみずからの職能が役立つことを知ることになった。それから数年を経て、自身に子どもが生まれたことで、教育というテーマがより「自分ごと」になっていった。

「答えのない問いについて話し合うためのツールをつくる」というアイデアが生まれたいま、次に考えなければいけないのは、どのメディアを使ってアイデアを具現化させるかだ。当初はデジタル系の施策を考えていたというが、最終的に山﨑が選んだのはそれとは正反対の「絵本」というアナログなメディアだった。その発想も、自身が子どもに絵本を読み聞かせするなかで、絵本の価値をあらためて感じたことから生まれたと彼は言う。

「ぼくが思う絵本のよさって、書いてあることを読んで理解することではないと思うんです。むしろ読み終わったあとに話し合う時間のほうが大切で、『どう思った?』と子どもと話せる時間が絵本の価値なのではないかと。それはぼくらが今回やりたかったこととも非常に近く、『親子で話し合うためのコミュニケーションツールをつくりたい』という目的が、絵本が本来もっている魅力と合致するのではないかと思ったんです」

迷ったら出発点に戻ってみること

博報堂グループが手がけるプロジェクトのなかで『どう解く?』がユニークなところは、クライアントがいないことだ。通常であればクライアントから博報堂グループに対して相談が来ることからプロジェクトが生まれるのに対し、『どう解く?』は当時山﨑が所属していたグループ会社であるTBWA\HAKUHODOからコラボレーターとなる企業にプレゼンをしに行く「自主プレ」から始まっている。山﨑がいくつかの出版社へプレ

ゼンに行くなかで、最終的に縁があったのが『かいけつゾロリ』や『おしりたんてい』の絵本を手がけるポプラ社だった。

　最初のプレゼンでは、「どうして正義のヒーローは、悪者を殴っていいんだろう?」「蝶々を殺して、ネコを殺しちゃいけないのは、どうしてだろう?」「国と国のケンカは、どうして怒られないんだろう?」という、完成版の本にも掲載されている3つの問いを絵本として表現したラフを共有。編集担当となるポプラ社の花立健さんと仲地ゆいさんがもともと「桃太郎」のコピーを知っていたこともあり、すぐに山﨑の問題意識に共感してくれることになった。かくしてポプラ社との二人三脚での絵本づくりのプロジェクトが始まったのだった。

　はじめに行なったのは、絵本に掲載する問いづくりだ。前述の「正義」「命」「戦争」をテーマにした問いのほかにも、「食」(食べていい動物と、食べちゃいけない動物の違いってなんだろう?)、「仕事」(どうして大人になったら、働かなきゃいけないんだろう?)、「結婚」(友だちはたくさんいていいのに、どうして結婚する人はひとりだけなんだろう?)、「倫理」(ついていい嘘と、ついちゃいけない嘘ってどう違うんだろう?) など、身の回りの「当たり前」をあらためて見つめ直せるようなテーマと問いを考えていく。この問いづくりは順調に進み、最終的には13の問いが絵本に収録されることが決まった。問いの前には子どもたちが普段の生活の延長線上にこの問いを考えられるようにするための「導入コピー」も加え、例えば「今日もお母さんに怒られた。人を殴っちゃダメ、って」という導入コピーの次に「どうして正義のヒーローは、悪者を殴っていいんだろう?」という問いが続くような構成を採ることになった。

　そこまで決まったところで、チームはふたつの難問に突き当たることになる。ひとつは、回答例のページ構成。各問いには子どもたちが考えるヒントにするための回答例が用意されているが、それをどこに掲載するべきかに山﨑らは頭を悩ませた。一般的には問いのすぐあとに回答例があったほうが読みやすいが、それだと子どもたちは考えずにページをめくってしまうのではないか。それは山﨑がそもそもやりたかったこととずれてしまうことになる。

　もうひとつは、絵本自体がシンプル過ぎることだった。短い問いとイラストから構成される絵本は、業界のスタンダードからすると簡素過ぎる。もっと子どもたちの目を引くようにキャラクターを入れてはどうかと、ポプラ社からは提案されたという。

　プロジェクトにかかわるさまざまな人の意見を聞いていくうちに、アイデアが複雑になり、進むべき方向がわからなくなってくる、というのはど

んな仕事にも起きうることだ。『どう解く?』も例外ではない。そんなとき
に道標になったのは、「いちばん初めの企画書に戻りましょう」という担
当編集者・花立の言葉だった。

「『最初の企画書に戻ろう、あのときワクワクした自分たちの気持ちがい
ちばん大切かもしれない』と、花立さんが言ってくれたのが大きかった
ですね。そこに立ち返ったからこそ、やっぱりシンプルでいこう、変なこ
とはやらずに答えのない問いを考えるためのページ構成でいこう、と決
めることができたんです」

　そうして出来上がった本は、絵本業界の常識からは外れているかも
しれない。しかし、常識から外れているからこそ山﨑が本来やりたかっ
たことが純粋に具現化された1冊となった。

　さまざまなステークホルダーが存在し、多様な意見や意向が飛び交
うなかで、本質からぶれないクリエイションを行なうために心がけたこ
とは何だったのか? 山﨑は意外な答えを返す。

「変なテクニックとかはないんですよ。やっぱりコツコツ打ち合わせを
して、チームに理解してもらって……という点に尽きると思います。課題
の本質は何か、みんなが面白いと思うポイントはどこかをきちんと言語
化してプロジェクトを進めていくことが大事だと思っています」

パーソナルな想いが共感されたとき

　2018年3月、構想から2年を経て『答えのない道徳の問題 どう解
く?』が出版されると、山﨑の予想を超えて学校関係者からの反響が多
く集まることになった。

　本書はこれまでに全国の2分の1にあたる約10,000の小学校図
書館に導入されているほか、この本を授業で教材として使いたいという
先生たちの声に応えて、公式サイトでは授業用の教材やワークシートを
ダウンロードできるようにしている。またこの本を読書感想文の課題図
書に採用している自治体もあり、2021年には千葉県の小学4年生が
『どう解く?』をテーマに書いた読書感想文が県知事賞(最優秀賞)を受
賞。いくつかの学校では山﨑らのチームが本書を使った授業を設計・
担当したこともあるが、それ以上に、著者の手を離れたところで『どう解
く?』に共感した先生たちが自発的にこの本を使った授業を開き、「答え
のない問い」について子どもたちと話し合っているのだという。山﨑自身
がこの本を社会に「拡げる」のではなく、本のメッセージやコンセプトに
共感してくれた人々の手によって「勝手に拡がっている」ことに魅力を感

じている、と山﨑は言う。

「ぼくが問題だなと思っていたことが、世の中の多くの人が考えている問題でもあって、そこが合致したのが大きいのかなと思っていますね」。『どう解く?』がここまで社会に拡がっていくことになった要因を訊いてみると、彼はそう答えてくれた。

「よく学校の先生と話して思うのが、先生も生徒たちとお金の話をしたいんですよ。本当は愛について、ジェンダーについて、環境問題についての話をしなくちゃいけないって先生たちは問題意識をもっている。そんな熱い先生たちが多いんですよね。ただそのときに課題になっているのが、そういう話をするためのツールがないこと。『どう解く?』は、実はみんなが話したいと思っていたことを話すためのツールになれたのかなと思っています」

私的な出来事を綴ったエッセイが多くの読者の心をつかみうるように、たったひとりのアクティビストの活動が世界的なムーブメントにまで拡がりうるように、パーソナルな想いが他者に共感されたとき、そのアイデアはどこまでも広く、遠くまで届くことになる。社会を変えるために奇抜なアイデアはいらない。それよりも必要なのは、本当に「変えたい」と思える自分ごとの課題を見つけ、それを世の中とシェアしていくことにある。

山﨑がこれからやりたいのは、メディアの枠を飛び越えて『どう解く?』を伝えていくことだ。「広告はいちばん自由だと思っているんですよ」と、山﨑は言う。「ぼくらは、メディアを飛び越えてコミュニケーションをすることができます。例えば、コミュニケーションとして映像を使ってもいいし、ポスターを使ってもいい。本をつくってもいいし、授業をつくってもいい。『どう解く?』というアイデアを今回は絵本にすることを選びましたが、いまはこれをテレビ番組にできたらと思っているんです。すでに『どう解く?』から学校の授業が生まれたり、企業とともにワークショップをつくったりしています。そんなふうにメディアを問わず、自由にアイデアが拡がっていくといいなと思っています」

WALK AND TALK TO PLANT THE SEEDS OF SOCIAL SOLUTIONS

キヤスク

「素材」に社会課題解決の種はない

高校時代の親友から届いた「障がいがある方々の困難の解決に人生をささげたい」という突然の相談を、初めは止めざるをえなかった。しかし、強い思いと行動によって蓄積された膨大な社会課題解決の種が、そこにはあった。アイデアを最大化するために広告会社のプロデューサーが実践した、これからの「統合プロデュース」という在り方。

ISSUE
社会課題
何を課題と捉えた？

障がいがある人々が着る
洋服の選択肢の少なさ

INSIGHT
視点
解決の糸口となったポイントは？

「技能」と認識されていなかった
お母さんたちの特殊技術

ACTION
実装
具体的に何をした？

身体の不自由に合わせたOne-to-Oneの
お直し依頼サービスの立ち上げ

KEY PLAYER

日野昌暢
Masanobu Hino

博報堂ケトル チーフプロデューサー。博報堂入社後、14年間
の営業職を経て博報堂ケトルに加入。幅広い経験を生かした
統合プロデュースを手がけ、「絶メシリスト」（高崎市）、「牡蠣食
う研」（広島県）、など地域活性化も得意とする。主な受賞歴
に2度のACC TOKYO CREATIVITY AWARDS グランプリ
（2018、2022）、グッドデザイン賞BEST100（2022）など。

キヤスクは、身体の不自由に合わせて既製品の服を着やすくするためのお直しを依頼できる世界初のオンラインサービスだ。日本最大級のクリエイティブアワード「2022 62nd ACC TOKYO CREATIVITY AWARDS」のデザイン部門では、障がいがある当事者やそれを取り巻く人々の困難を解決するだけではなく、大量生産大量消費が課題となるファッション産業にも気づきを与える存在であることが評価され、総務大臣賞／ACCグランプリ（デザイン部門）を獲得した。

　同サービスのプロデュースを博報堂ケトルの日野昌暢が担当することになったのは、地元・福岡の高校の同級生である創業者・前田哲平からの相談がきっかけだった。大手ファッションリテール企業で商品開発や流通の最適化に携わっていた前田は、身体に障がいのある方々が着る服の選択肢が極端に少ないことを知り、「その現状を伝えるメディアを運営するにはどうしたらいいか」を日野に尋ねた。

　「彼は、安くておしゃれな洋服を世界中に提供する仕事に誇りをもって仕事をまっとうしていました。しかし、自分が思いもよらないところで『着られる服がない』と困っている人たちがいる。それにとてもショックを受けたそうなんです。本当に驚いたのは、それがきっかけになって、彼はプライベートで3年かけて約800人もの障がい者の方々やそのご家族にインタビューをしていたことでした」

　九州のローカルメディア「Qualities（クオリティーズ）」や群馬県高崎市の"絶やしたくない絶品グルメ"を取り上げる「絶メシリスト」、約6割の全国生産シェアを誇りながら、そのほとんどを域外輸出する産業構造であるために、観光客が意外と地元で食べることができない広島県の状況に変化を与えて、広島を世界一おいしく牡蠣が食べられる街にするために活動する「牡蠣食う研」など、地域に根差したメディアプロジェクトに携わってきた日野。それだけに、800というインタビュー数がいかに並外れているかがよくわかるし、同時に、メディア運営の難しさも痛いほどに理解していた。

　「Webメディアはマネタイズが本当に難しいんです。彼は障がい者の方々に話を聞けば聞くほどなんとかしたいという思いが募り、勤め先である大手ファッションリテール企業を退職して起業し、そこに人生をささげたいと言っている。だけど、前田くんは親友だし、奥さんも大学時代からの仲、お子さんだって生まれたときから知っています。彼の家族が食べていけなくなることが頭に思い浮かんで、友人としてWebメディア事業に関しては止めざるをえませんでした」

"800人の声"のなかに潜んでいたクリエイティブの種

　膨大なインタビューによって得たリアルなインサイト、前田の思いや行動は大きな武器になる。これを世の中に伝えるために長年、博報堂／博報堂ケトルのプロデューサーとして培ってきた知見を生かせないか。障がいや病気を抱える人々の服の悩みを根本的に解決したい一心で起業した前田を、日野は友人としてサポートしていく。そんな日野に対して前田は「お金を払わないと納得できない」と譲らなかったという。

　「とはいえ、彼の退職金など、なけなしの資金からもらう気になれなかった。そんななか、システム開発のお金も調達しないといけなかったので、彼がクラウドファンディングを行なうことにしたんです。結果的に、この貴重な資金からサイトデザインのプロデュース費用として一部を頂くことで、博報堂ケトルとしてサポートできることになりました」

　日野は博報堂ケトルのアートディレクター、アパレル領域を得意とするプランナーに声をかけ、前田とともに議論を重ねた。前田が自身で立ち上げていた、彼のインタビューをまとめたサイトを見てみると、思いも構想も素晴らしいが、デザインやワーディング、情報発信の体系などのクリエイティブが洗練されているとはいえなかったからだ。

　「前田くんが得た圧倒的なインサイトをプロダクトとして落とし込んでいきながら、『事業として持続的に成立させていくこと』を前提として議論を進めていきました。活動に賛同してくれたアートディレクターやプランナーたちと『さまざまな人に着やすいシャツ』『足が不自由な人のためのズボン』など、さまざまなプロダクトのアイデアを検討しましたが、前田くんは腹落ちしなかった。特定の課題を解決する洋服をつくっても、異なる障がいを抱える人には意味がないからです。だとすれば、困りごとにOne-to-Oneで対応する『お直し』の提供しかないのではないか、という結論に行き着いたんです」

　しかし、個別の障がいに対応する手直しは非常に複雑なオペレーションになるため、協力を得られるお直し専門店は少なく、可能であっても料金が高額になってしまう。それを打開するポイントとなったのは、800人へのインタビューのなかに埋もれていた「ある特徴」だった。

　「障がいがあるお子さんをもつご家庭のなかには、ご自身のお子さんに服を着せやすくするための特殊なお直し技術を『結果として』身につけているお母さんたちが少なからずいます。そんなお母さんたちの多くは、同じように困っている人たちに『自分の技術を提供したい』という思いを抱いていたことを、前田くんがふと思い出したんです。指が動か

ずボタンを留められないから、ボタンを残しつつ裏地を面ファスナーにする。寝たきりで腰を持ち上げるのが大変だから、ズボンをロンパースのように開いて簡単にホックで留められるように直す……。選択肢がないという状況下で培われた『こんな服を着せてあげたい』という思いや、人知れず身につけた特殊な技術を、統合していくことができないかと考えたんです」

　自身の子どものために身につけたお直しの技術を、同じように困っている人々のために提供するサービスがあったとしたら。過去にインタビューした家庭にそんな質問をぶつけてみたところ、その反応は「それが可能だとしたら、ぜひ参加したい」というものだった。「じゃあ、それをサービスにしよう」。思いと技術をもったお母さんたちを、お直しを提供する方の人生の登場人物になるという意味も込めた「キヤスト」と称して参加してもらうことにした。そして、着たい服を誰もが当たり前に着るためのお直しサービス「キヤスク」が誕生した。

自走する循環を図った"お母さんたちの組織化"

　キヤスクは活動開始後テレビや新聞等、複数のメディアに取り上げられた。その反響で最も多いのは、同じ境遇にあるお母さんたちから届いたある声なのだと日野は言う。
「お直しの注文も入るのですが、それよりも『わたしもキヤスクに参加したい』という連絡が多かったんです。『技能』だと思っていなかった、家で自分の子どものためだけに向き合って使っていた技術が、世の中のどこかにいる、同じ困難を抱えた人々に幸せを届けられる。その点に共鳴した方々が、自分たちが考えていた以上に多いということがわかりました。

　また、障がいのあるお子さんがいらっしゃるご家庭は、ケアがあるので働きに出ることが難しいという問題があります。あるいは、社会とのつながりが非常に弱くなってしまう傾向もある。単に『障がいに関係なく着たい服が着られる』だけではなく、社会とのつながりや新しい職業を生み出したことがキヤスクの大きな意義なのではないかと思います」

　当事者たちは価値だと感じておらず、一般的にもシャドウワークだと捉えられていたスキルを用いてみずから稼ぐことができる──。この「自走して生まれる循環」の重要性を、日野はローカルが抱える社会課題の解決に数多く向き合うなかで感じてきた。プロジェクトやコンテンツが立ち上がるが、つくることが目的になり、地域は稼げず、お金も落ちてい

かない。そんな様子も垣間見てきた。

「つまり、社会課題へのアプローチには、『ビジネスビルディング』が圧倒的に足りていないんです。ローカルや社会に認識されていない課題に向き合えば向き合うほど、活動の原資がない。だけど、補助金や助成金ばかりに頼っていては、稼ぐことを本気で考えなくなるので、結局持続していかない。本当に継続したければ、自分たちでお金を生み出さなければいけないし、それは『事業』をつくってビジネスを成立させるということです。社会課題に向き合うということは、事業性と向き合うということでもあるんです。そして、それはぼくのようなプロデューサーが職能を発揮できる領域でもあると考えています」

お金は「使うもの」ではなく「回すもの」

「ぼくは自分のことをクリエイティブに携わるプロデューサーだと思っていません」。日野は意外な言葉を口にする。さまざまな課題解決の手法が大規模な広告にとどまらなくなっているという見立てのなかで、プロデューサーの役割として問われていくのは、プロモーションであれ、イベントであれ、ウェブサイトの制作やSNSでの発信であれ、何をどのように統合してアイデアを実現に導くか、達成したい未来をつくれるかを考えていくことなのだという。

「厳密に言えば、広告クリエイティブ"だけ"にコミットするプロデューサーではない、と言ったほうが正しいですね。社会課題に向き合おうとしたとき、広告に閉じた"クリエイティブ"ではもう限界を迎えていると感じます。ぼくが考えるプロデューサーの仕事は、誰かが、あるいは自分が目指す未来があったとき、それを実現させるために、あらゆる領域を統合して『何とかする』『ものごとがうまくいくようにする』ことです。クリエイティブはそのための手段でしかない。そして、『何とかする』ためにプロデューサーに必要となってくる視点のひとつが『ビジネスビルディング』です。ぼくが活動領域をローカルに置いているのは、日本の衰退の源泉がローカルの衰退にあり、その解決のために自分のこうした職能が貢献できることが大いにあると思っているからなんです」

日野がもつ課題感とモチベーションの背景には、現在のローカルや社会課題に対するさまざまな取り組み、プロジェクト、事業を取り巻く「プロデューサーの不在」という問題がある。

原資がある案件にはプロデューサーがアサインされ、ハードルが高いプロジェクトだったとしても、それを"何とかする"スタッフがチームに存

在する。しかし、基本的にローカルや事業規模が小さいプロジェクトには潤沢な原資などない。すると多くの場合は、プロジェクトを事業として成立させて持続可能な形態をつくる視点をもったプロデューサーがいない状況に陥ってしまうのだ。

「広告クリエイティブというのは、基本的にはクライアントから頂いた原資（＝予算）のなかでできる限りよい広告やプロダクトをつくるという発想です。そしてクライアントは広告枠を買い、自分たちが伝えたいメッセージを発信する。しかし原資がない場合は、世の中とのコミュニケーションを続けるために自分たちで活動の原資を生み出さなければならない。大きな課題を解決するためには継続性が非常に重要ですから、ローカルで変革を起こすということ、そして社会課題に向き合うということは、事業に向き合うことでもあるんです」

原資を使うことを前提にした存在ではなく、事業をともに考えていく存在。社会課題に対峙していこうとするプロデューサーには、「お金を使うのではなく、お金を回しながら社会課題に作用していく」という発想が求められるのである。

「パーパス」はすでに存在する

社会課題の解決をしなければならないとしても、大きな課題の解決は一朝一夕にはできないし、だからこそ持続性の担保が重要になる。しかし、社会課題への取り組みには活動の原資が充分でないことがほとんどだ。だからこそ、自分たちでビジネスを成立させ、事業性を担保しなければならない。日野はこの順序を忘れてはならず、決して事業性のみに支配されてはならないと強調する。

「現在、多くの企業が『パーパス』の策定に真剣に取り組んでいますが、そもそも企業活動やビジネスとは、何らかの課題があってそれを解決したいから事業がスタートしているわけですし、解決しているから事業として成立しているはずですよね。その時点で、正しいパーパスはどんな企業にも存在しているはずなんです」

しかし、いつしか資本主義経済のゲームのなかで利益や効率を上げることだけの勝負が行き着くところまで行き着き、その結果、これ以上は限界があるにもかかわらず社会全体がそれをタスクとして背負っているという側面がある。企業は、いま一度事業の社会的意義とは何なのかを問い直す必要があるのだ。

「何らかの課題を解決する、あるいはしたいという人が存在していれば、

本来はビジネスとして成立するはず。それを可能にするために、クリエイティブやプロデュースが広告の枠を飛び出て力を発揮していくことができると考えています。大企業の経済合理性にも、小さいプロジェクトの正しさにも、クリエイティブやプロデュースが必要ですが、それぞれのロジックの延長線だけで考えるのは限界が来ているので、誰かがそれを統合しなければなりません」

社会課題の解決に必要な「統合プロデューサー」

　同じ地域に住んでいたとしても、その地域の社会課題の解決は、ファイナンス、都市計画、行政、街のストリートプレイヤーなど、それぞれの視点があって、どの視点に立つかによって、見えるものが変わります。でも、どの視点で見てもその地域は、実際はその地域でしかない。だから、さまざまな領域を統合していくことが求められると日野は語る。さまざまな職種やステークホルダーの中間に立ちながら共通のビジョンを掲げ、みなが同じ方向に走ることに尽力する広告会社のプロデューサーというものが、この「領域の統合」に大きく貢献できる、というのが日野の考えだ。だからこそ、彼はこれから求められる自分たちの姿を「統合プロデューサー」という言葉で表現する。しかし、それには多くの仲間が必要になってくるとも日野は付け加える。

　「キヤスクだけで障がいを抱える方々の課題のすべてを包含して解決することは不可能ですし、当事者だけに閉じて課題に立ち向かい続けることはできません。スモールチャレンジを実行し続けるうえでも、当事者の外に拡げて課題を社会化していくうえでも仲間ができるだけたくさん必要です。ただ、その仲間探しがいちばん難しいんです。ぼくたちのような広告会社が外から突然訪れて、聞こえがいいソリューションを提供しようとしても、警戒されておしまいになってしまいます」

　それは、日野が街に出て当事者の方々と話をしたときの原体験として強く刻まれている。広告クリエイティブに携わる人間には、自分たちの映像やプロモーションに使える「素材を探しにいく」マインドが時に強過ぎる傾向があり、それが、原資がないなかで身銭を切りながらも、自身がよくしたいと願うもののために尽くしている当事者を傷付ける結果になるという。

　「自分のクリエイティブのネタになるものはないか。こうしたら面白くなるんじゃないかと、すべてを『素材』として見てしまうんです。しかし、課題の根っこは『素材』にはなく、もっと深いところでみんな悩んでいま

す。現場で人に向き合って会話することを徹底し、共感し、その人が大事にしているものを自身も大事にしていることが伝わることによって、何かが変わる局面があり、チャレンジを応援してくれたり、一緒にチャレンジしてくれる存在が増えていくはず。これは社会課題に向き合うに当たっての基本姿勢です。それがなければ、どんなクリエイティブなアイデアがあったとしても社会実装はされていきません」

　個人の強い思いやアイデアを「統合プロデュース」によって最大化することで、たとえ最初はスモールチャレンジであっても当事者の外にいる人々に気づきを与え、「存在しなかった」課題が本当の意味で社会課題となる。そして、その大きな変化が当事者に巡り、チャレンジが継続可能となる。日野は、キヤスクがそのきっかけになればいいと考えている。

「キヤスクを始めてから、とても印象に残っている注文があります。それは、『制服を着たい』というものでした。『2年間ジャージーで学校に通ったけれども、最終学年である3年時は、制服を着せて通学させたい。本人もそれを望んでいる』と。そこにどんな実情があるのかと思い学校にヒアリングすると、学校側は障がいがある方は制服を着るのは大変なので、ジャージーで登校して構わないと配慮するのだそうです。しかし、それは本当の意味での『ケア』になるのかという問いが浮かんでくるんです。みんなは3年間毎日制服で学校に来ているけど、障がいがある方はジャージーで3年間過ごす。自分がこれまでまったく知らないかたちで、置き去りにされている人たちがいると感じたんです。

　みんなが諦めてしまっている、あるいはできないことが前提になっていること。社会が課題として認識してさえいないけど、確実に存在する切実な課題。それらを解決するためにぼくが貢献できるのは、困っている人々のニーズを社会に顕在化させて、そこに取り組むビジネスがきちんと持続的に社会のなかに存在できる状態にもっていくことです。それによって『制服を着ることができる』という選択肢を当たり前にすることができる。

　広告会社のプロデューサーは営業という立ち位置でもありますから、クライアントの信頼を守るための『ディフェンス』として存在することが多いのも事実です。しかし、厳しい世界のなかで戦い続けているからこそ、これからの社会変革や難しい課題の解決に参画したとき、"どうにかできる"プロデュース力を発揮して『オフェンス』のポジションに立つことができると確信しています」

CASE 02

A WORLD WHERE MENSTRU-ATION IS NOT TABOO

CASE 03

テレビ東京
「生理CAMP」

生理がタブー視されない世界を
あらゆる人、場所まで届けたい

多過ぎる課題と大き過ぎる障壁に、立ち向かえば立
ち向かうほど疑問は増えていき、そのたびに熱量は
増していく。「生理のタブー」をこの世界からなくした
い一心で、彼女は「生理のバラエティ番組」を企画し
た。社会課題のために「PR」ができること。

ISSUE
社会課題
何を課題と捉えた？

生理のタブー視とコミュニケーションの閉鎖性

INSIGHT
視点
解決の糸口となったポイントは？

情報と意識の格差を、マスメディアで埋める

ACTION
実装
具体的に何をした？

前代未聞の「生理バラエティ番組」の地上波放送

$$\text{KEY PLAYER}$$

村山佳奈女
Kaname Murayama

大学卒業後、ニート、カルチャー誌編集者、外資系広告代理店
コピーライターを経て、現在博報堂ケトル所属。本書で言及さ
れているユニ・チャーム「ソフィ」ほか、フェミニズムの思想をベー
スにしたPR／クリエイティブ業務を日々推進している。受賞歴
に、日経ウーマンエンパワーメント広告賞、PRアワードグランプ
リ。趣味は銭湯とサウナ。近ごろの興味はタトゥーカルチャー。

禁忌を示す「タブー」は、「月経」を意味するポリネシア諸語「タブ」が語源という一説もあるように、生理（月経）とタブーの関係は密接である。日本では平安時代に「血穢」が定められ、女性は宮中祭祀に参加することができないと規定されたほか、生理中の女性を家族から隔離する「月経小屋」の慣習が1970年代まで受け継がれていた。そして月経禁忌の意識は、ジェンダーギャップを是正する動きが活発化する現代社会にも、いまだ深く根差している。

　2019年、生理用品ブランド「ソフィ」の製造販売メーカーであるユニ・チャームは、女性の身体にまつわる社会のタブーを解きほぐすための取り組み「#NoBagForMe PROJECT」（以下 #NoBagForMe）をスタートした。「#NoBagForMe」とは、「なぜ生理用品を包む紙袋が存在するのか？」と疑問を呈するかけ声として考え出されたものだ。

　「薬局などで生理用品を買うと、不透明な袋に入れて渡されることが多いのですが、これは『生理用品は人目から隠すべきもの』とする意識のもとで成り立っている慣習だと考えられます」

　生理用品を購入する習慣がある人にとっては当たり前になっている光景に対し、個人的に抱いていたという違和感についてそう語るのは、博報堂ケトルのクリエイティブディレクター村山佳奈女。本来は生活必需品として、トイレットペーパーなどと同列に扱われてもいいはずの生理用品は、果たして隠すべきものなのか。社会規範の問い直しにより、生理や身体に対する世の中の関心を高めたい──そうした、村山をはじめとするプロジェクトチームメンバーの思いが「#NoBagForMe」の原動力となっている。

　生理をタブー視する社会により生じる弊害としてチームが特に問題視するのが、生理の話がしにくい風潮だ。日本では800〜1,000万人が月経困難症を抱えているが、そのうち治療を受けているのはわずか10％ほどだと推定されている。その理由のひとつには、各自が生理の悩みを周りに打ち明けられないからこそ、ことの重大さに気づかずに放置してしまうことが考えられる。生理痛を放置したまま、病状を悪化させてしまうケースも多いという。

　「『生理は恥ずべきものだから、情報を他人と共有すべきではない』と、生理痛などの悩みを友人にすら打ち明けられずにいたり、他人と生理の話をしたことがないという人も少なくありません。しかし、生理の話がしにくいことは、女性の身体によくない影響をもたらす側面が大きいんです」

　また、近年では女性の社会進出に取り組む企業も増えたが、生理に関する情報共有が気兼ねなくできる環境づくりがなければ、制度も形

骸化してしまう。2022年に連合東京男女平等局が実施した調査では、働く女性の9割が「生理痛がある・時々ある」と回答した一方、そのうち「生理休暇を取得したことがない」とした回答者が約8割を占める結果となった。日本では、生理日の就業が著しく困難な労働者には、休暇を取得する権利が労働基準法によって保障されている。しかし前述の調査では、労働者が同制度の利用をはばかられる理由として「生理の話は周囲に伝えにくく、理解されづらい」という声も報告されていた。

「生理の話については、女性は話し出しづらい、男性は聞きづらいという二重の壁があると思うんです。それらを取り払うためには、生理を個人的なものとしてだけではなく、一般的な現象、客観的な事実として捉えるような視点と正しい知識が必要だと思います」

市場に影響する"生理タブー視"の弊害

「#NoBagForMe」を通じてユニ・チャームと協働するなかで、村山自身が新たに気づかされたイシューもある。生理に関するコミュニケーションの閉鎖がもたらす、生理用品マーケット拡大の機会の損失だ。

初潮がきたときの一般的な対応は、母親に報告して生理用品の使い方を教わるといったものだが、生理の話を他人と共有しづらい環境にいると、生理用品に関する知識が母娘間で完結してしまいがちである。そのため、母親が使っている生理用品を、その娘も固定して使用し続けるといった傾向が根強く、実際に日本人女性の多くは紙ナプキンを使用している現状もある。

しかし、生理用品の選択肢は紙ナプキンだけではない。例えば、日本では使用率が25%程度に留まっているタンポンは、欧米だと約80%の女性が使用するメジャーな生理用品だ。また最近では、技術向上やフェムテック市場の発展によって優れた新製品も生まれている。

一方で、一般にあまり浸透していない生理用品は、生活者が使い心地などを不安視してしまう傾向にあるため、企業が一方的に広告を展開するだけでは手に取ってもらいづらい。現に、日本ではタンポンの需要が少ないことから、大手メーカーのなかでユニ・チャームが日本国内でタンポンを製造販売する唯一のメーカーとなっている。

「身体には個人差がありますから、適した生理用品も人それぞれです。そのため、母娘間だけで知識を共有するだけよりも、よりオープンにすることで多くの情報をシェアしたほうが、それぞれに合った対処法を発見し、少しでも快適に生理の期間を過ごすことができるようになるはずです」

多くの使用者の話を聞けるような世の中にすることは、結果的に生理用品のマーケット拡大につながり、生理の悩みを抱える人々にとっても、企業にとってもプラスになる。生理用品メーカーと意見交換をしたからこそ、村山が得た気づきは「生理の話をしやすい世の中」をユニ・チャームとともに指向する目的意識にもつながっていった。

あらゆる人、場所まで届けたい世界

　2019年6月に始動した「#NoBagForMe」は、取り組みの第一弾として、主にSNSを利用している層をターゲットに見据え、キーオピニオンリーダーを招いて「生理に関する発話を促す」コミュニケーションに挑戦した。2020年からは、企業向けの性教育プログラム「みんなの生理研修」をスタート。生理に関する基本的な知識をはじめ、生理にまつわるさまざまな不調や悩みについて学ぶ機会を設けるなど、多角的なアプローチで生理を取り巻く社会課題に対峙していった。

　さまざまなステークホルダーを捉えた取り組みを行なうなか、プロジェクトのさらなる前進を目指すうえでチームが取り組んだのは「マス層への情報伝達」だった。

「SNSが普及した近年では、ジェンダー課題として生理に関するトピックが以前よりも活発に議論されています。しかし同時に、エコーチェンバー現象によって一部のアーリーアダプター層（SNSアクティブ）と一般層の間の情報格差が課題として立ち上がってきたと感じています」

　その格差を埋めた好例として、村山は「吸水ショーツ」の普及プロセスを挙げる。紙ナプキンなどを着けずに生理期間を過ごすことのできる同プロダクトは、かつては限定的な場所でしか販売されておらず、感度の高い層だけが使用する生理用品だった。しかし、マスメディアで取り上げられるようになったことで、ユニクロなどでも手軽に入手できるものになり、徐々に市民権を得ている。

「どんなに有益な情報でも、それを一部の層だけに届けていては、社会全体が抱える課題の解決には至りません。わたしたちは、生理をタブー視しない世界を、あらゆる人、場所まで届けたい。だからこそ、次の情報の発信手段としてはテレビというメディアを選択肢として選びました」

だからわたしは"生理バラエティ"を企画した

　2020年8月、博報堂とユニ・チャーム、テレビ東京による3チームは

CASE 03

特番「生理CAMP」を製作・放送した。

　同番組では、「生理の悩みあるある」や都市伝説、世界のタンポン同士が対決する「タンポン選手権」、生理用品工場のレポート、世界の生理グッズ紹介などさまざまなコーナーを設けながら、生理に関するトークが出演者によって繰り広げられた。地上波の「生理をテーマにしたバラエティ」はこれまでに前例がなかっただけに、放送後はSNS上で番組名がトレンド入りし、再放送を求める視聴者の声も数多く寄せられた。

　その反響に応えるようなかたちで、放送後はオンラインイベントの開催や書籍化（『生理CAMP みんなで聞く・知る・語る!』監修・工藤里紗、漫画・上田惣子〈集英社〉）など、SNSのなかだけで終わりがちだった生理にまつわるトピックが、さまざまなメディアに展開していった。"前代未聞"の生理バラエティ番組が地上波で放送された成果について、村山はこのように振り返る。

　「年代や活躍する分野など立場が多様な出演者が生理をテーマに語り合う姿を地上波で放送することにより、生理について人々が気兼ねなく話すことをマス層に向けてノーマライズできたのが大きかったですね」

　さらに、広告展開と社会課題の発信が同時に実現したこのケースの背景には、ユニ・チャームの創業精神に通じるところがあるという。

　まだ日本で生理用品が薬局内の人目につかない場所で販売されていた時代、アメリカの薬局で生理用品が公に陳列されている光景を目の当たりにした創業者が、「この商流を日本でも広めなければ」との想いから、事業展開に至ったのがユニ・チャームだ。ほかにも、かつては一般的ではなかった生理用品のテレビCMを、いち早く放送したことでも知られている企業でもある。放送を開始させた当時は、紙ナプキンのCMをタブー視する声も多数寄せられていたというが、現在では当たり前のものとして定着している。

　「#NoBagForMe」を通じてユニ・チャームの担当者とかかわってきた村山は、同企業の「タブーを打破する」という創業理念が、現在にまで受け継がれているように実感すると話す。

　「ビジネスと社会課題への取り組みを成立させながら『タブーを当たり前に』してきたユニ・チャームのPRによって、次はどんな課題を乗り越えられるのか。そうした、これまで企業が紡いできた文脈を踏まえて次なるステップを考える技術、そしてクライアントの熱量を世の中に広めるコミュニケーションづくりに、広告クリエイティブの力で応えていきたいと考えています」

「理想の風景」を「当たり前の風景」に

　企業の社会的存在意義がますます重要視されている昨今では、広告業界にも新たなクリエイティブの思考が求められている。

　プロダクトやサービスの強みを伝える役割をもつ広告には、ポジティブな要素を描く側面が強い傾向にある。一方、社会課題にかかわりの深い性質のあるPRは、ネガティブな要素にも対峙しなくてはならない。そんななか「生理CAMP」をはじめとする「#NoBagForMe」の取り組みは、人々に「社会課題へアプローチしたい」と思わせる力が、広告クリエイティブに備わっていることを示している。

　これからの広告業界は、社会課題とどのような姿勢でかかわっていくべきか。村山は、「カンヌライオンズ国際クリエイティビティ・フェスティバル」が進める女性リーダー育成の取り組みを例に挙げる。

「カンヌライオンズ国際クリエイティビティ・フェスティバルのなかのプログラムに『See It Be It』というものがあります。クリエイティブ業界ではまだまだ少ない女性リーダーを集めて、現前させるこの取り組みには、『女性リーダーも当然のように存在する風景を、後進に見せて示す』という意義があります。これを日本語にするならば、『目にできるものに、あなたはなれる』ということではないかと思います。これは、社会課題の解決を目指すうえで『理想の未来の風景』を提示することの重要性を示しており、このスタンスは『生理CAMP』にも表れていると思います。広告クリエイティブには、『当たり前の風景』を世の中に定着させることに長けているといった性質があります。だからこそ、わたしはクリエイティブを通じて『理想の未来の風景』を当たり前のものにしていきたいんです」

「#NoBagForMe」が始動した2019年から、生理のタブー視にまつわる社会状況とともに、課題も変化を遂げている。2022年の厚生労働省による調査によると、新型コロナウイルスによるパンデミックの発生以後、生理用品の購入・入手に苦労したことが「よくある」「ときどきある」と回答した割合は調査対象者全体の8.1%、その多くが若年層であることが明らかになった。近年では「生理の貧困」が俎上に載る機会も増えたが、「ネット代は支払えるのに、なぜ生理用品が買えないのか」といった、自己責任論に落とし込む風潮も根強い。

　しかし生理を取り巻く問題は、個人の経済状況やその資質によるものではなく、社会全体の課題であることは明白な事実だ。そのため、解決には悩みを抱える当事者のみならず、非当事者の意識変化が不可欠となる。村山が目指す「#NoBagForMe」の在り方とは、多様な立場に

いる人が参加しやすい運動体であり続けることだ。

「当事者ではない層にも積極的にアプローチするべく、あらゆるステークホルダーを想定することが必要だと考えています。例えば、生理に関する情報を発信する際であっても女性だけをターゲットにしたデザインワークを避けたり、プロジェクトアドバイザーとして当事者以外の立場にいる方々にも参加していただいています」

同時に、「生理の話をしやすい世の中」を目指す取り組みをするからこそ、忘れてはならない意識もある。

「生理は、身体や生殖にかかわる極めて個人的でセンシティブなトピックでもあるぶん、取り組みを進行するうえで傷つく人が生まれたり、思想の押し売りになってしまう状況もつくってしまいがちです。『生理の話をしたくない』という人の存在も念頭に入れる重要性も感じています。広告業界にいると、どうしても『クリエイティブを通じ、いかにストーリーを明確に提示していくか』に意識が向いてしまいますが、生理を取り巻く議論は答えが出ていないものも多く、われわれも情報発信の方法について、日々最善の方法を探っているところです。道筋を立ててストーリーテリングをしていくより、正解のない問いに頭を悩ませながらノンフィクションを紡いでいく。そんな感覚を大切に、これからも人々の困りごとに寄り添っていきたいと思っています」

FOR A FUTURE WITHOUT RESTAU- RANTS OF MISTAKEN ORDERS

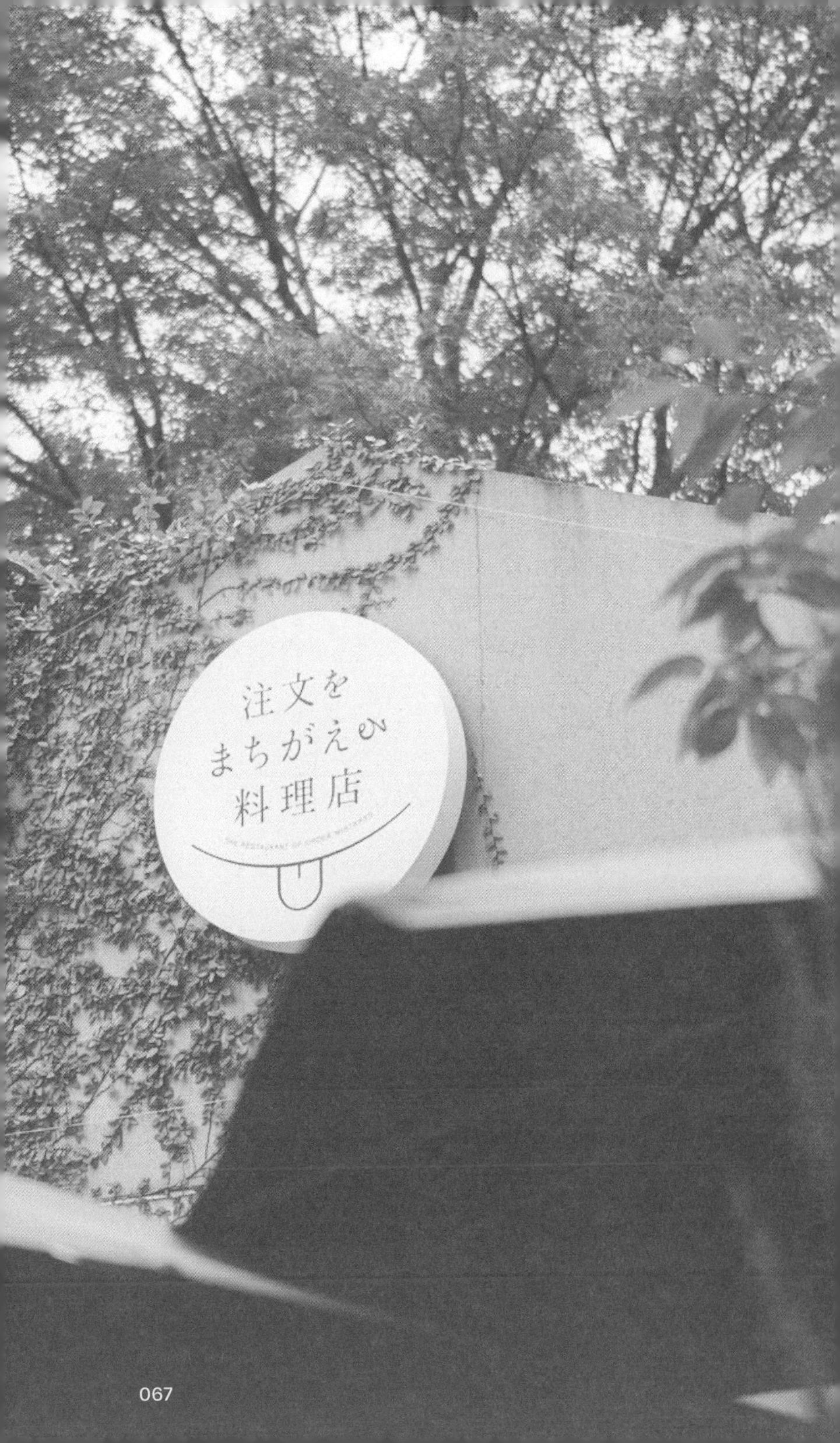
注文を
まちがえる
料理店

CASE 04

注文を
まちがえる
料理店

「注文をまちがえる料理店」が
なくなる未来のために

認知症を抱える人々がホールスタッフとして働けるこ
とで話題を呼び、さまざまなスピンオフが全国で自発
的に増えている「注文をまちがえる料理店」。アイデ
アと原風景を再現し世の中に共有するためには、「温
かいクリエイティブ」が求められている。

ISSUE
社会課題
何を課題と捉えた？

間違いを許し合えない不寛容による生きづらさ

INSIGHT
視点
解決の糸口となったポイントは？

発起人の「原風景」を再現すること

ACTION
実装
具体的に何をした？

ホールスタッフ全員が認知症を抱えた方の
ポップアップ・レストランをオープン

KEY PLAYERS

近山知史
Satoshi Chikayama

博報堂 エグゼクティブクリエイティブディレクター。博報堂入社後、2010年 TBWA＼CHIAT＼DAY にて海外実務経験を経て現職。グローバル企業の戦略・ブランディングからエンタメコンテンツ制作まで活躍は幅広い。カンヌライオンズゴールド、アドフェストグランプリ、ACC グランプリなど受賞歴多数。

小国士朗
Shiro Oguni

「注文をまちがえる料理店」発起人。2003年 NHK 入局。情報系のドキュメンタリー番組を中心に制作。その後、ディレクターなのに番組をつくらない"一人広告代理店"的な働き方を始める。2018年6月をもって NHK を退局し、現在はフリーのプロデューサーとして活動。

2017年9月16日、六本木一丁目の桜並木沿いに位置するとあるレストランの店舗を使ったポップアップ・レストランが期間限定でオープンした。メニューはシンプルで、「カレー屋さんのタンドリーチキン "バーガースタイル"」「フォークで食べる汁なし担々麺」「小海老とホタテのふわとろオムライス」の3種類。気の利いた料理と居心地のいい空間は、都内のどこにでも見かけるおしゃれな洋風レストランの景色である。しかしひとつだけ、この料理店には変わったところがある——それは、注文した料理が正しく来ないかもしれないこと。なぜならそこは「注文をまちがえる料理店」だからだ。

　実はこのレストランで働くホールスタッフ全員が認知症を抱えた人たちで、なかには90歳のおばあさんも働いている。その結果、お客さんが注文したものとは異なる料理が運ばれてくることも頻繁に起きる。しかしそれでも、店内は笑顔に満ちていた。「ご注文の……なんだったっけ?」とホールスタッフの男性が運んできた料理名を忘れれば、お客さんと一緒になって笑ってしまう。頼んだものとは違う料理が運ばれてきても、「大丈夫ですよ」「こっちもおいしそうですよ」と、スタッフとお客さんの間で会話が生まれるきっかけになる。その少し変わったレストランには、「間違いを許し合える空間」が生まれていた。

餃子とハンバーグの原風景

　「注文をまちがえる料理店」のアイデア誕生は、2012年にさかのぼる。当時NHKでディレクターを務めていた小国士朗は、ドキュメンタリー番組「プロフェッショナル　仕事の流儀」をつくるために認知症介護のプロフェッショナル和田行男さんに密着取材していた。「認知症になっても最期まで自分らしく生きる姿を支える介護」をポリシーにする和田が運営する介護施設では、掃除から洗濯、買い物に料理まで、入居者たちは自分でできることはできる限り行なっている。施設を取材するNHKスタッフも時々、入居者のおじいさん、おばあさんたちがつくる料理をごちそうになることがあった。

　そんな取材が続くある日のお昼のこと、小国は昼食の席について驚くことになった。この日はハンバーグが提供される日であったにもかかわらず、目の前に出てきたのが餃子だったからだ。「ひき肉しか合ってない!」。小国はそう指摘しようとしたが、周りを見てやめたのだという。その場にいる人全員がその状況を受け入れ、おいしそうに餃子を食べていたからだ。

「それを見たときに、間違いをツッコもうとしていた自分が恥ずかしくなったんです」と、小国はそのときの心境を振り返る。「本当であれば『みんなでおいしくごはんを食べる』ということのほうがよっぽど大切なんだけれど、間違いを目の前にしたぼくの頭のなかは『間違いを指摘して正す』ということでいっぱいになっていた。そんなぼくにはおかまいなしに、目の前でめちゃくちゃおいしそうに餃子を食べている風景のほうがよっぽど豊かだなって思ったんです」

間違いは、その場にいる人全員が受け入れてしまえば間違いではなくなる。それは小国にとって、コロンブスの卵ともいえる大発見だったという。「注文をまちがえる料理店」というワードが彼の頭のなかに浮かんだのはそのときだった。

それから数年が経った2016年、小国はあのとき介護施設で見た光景を再現できないか?と考え始めることになる。「当時のぼくのように、世の中には『認知症』という言葉は知っているけれど、実際に認知症がどういうものかわからない人のほうが圧倒的に多いと思うんです」と小国は言う。「ぼくはたまたま取材者として介護施設の現場を見ることができましたが、その風景を街中で見ることができたら、かつてのぼくのように、素人、にわか、知ったかぶりの人たちが同じようにその光景を面白いと思える、そして認知症について思わず知りたくなってしまう——そんなものをつくれるんじゃないかと思ったんです」

もちろんひとりでは実現できない。アイデアに賛同し、一緒にその「原風景」をかたちにすることを手伝ってくれる仲間を探す必要があった。

エピソードを掛け合わせ、世の中と握手する

「ぼくが温めている、面白いアイデアがあるから聞いてほしい」

小国からそう連絡をもらったとき、博報堂のクリエイティブディレクター・近山知史は首を傾げた。というのも、小国とはその1週間ほど前、NHKが行なった研修に近山が講師として参加をした際に会ったばかりの仲だったからだ。「本当にいま思い返せば不思議なんですけど」、と近山は笑いながら言う。「小国さんとはまだ会ったばっかりで、親しいわけでもなかったんですよ。(取材に同席している)本人の前でこう言っていいかわからないけど、それなのに小国さんはかなり親しげな感じで連絡してきたんです(笑)」

会ったばかりの自分に連絡するということは、よっぽど話したいことが

あるんだろう。そう思い近山が小国の話を聞くと、彼はすぐに「注文をまちがえる料理店」のアイデアに惹きつけられることになった。「絶対にいける。なぜなら聞いた瞬間にすべてがわかるアイデアだったからです」と、近山は言う。

「なぜわかるかというと、ぼくも世の中のギスギスした生きづらさを感じていたからだと思うんです。ちょうど小国さんに会う前の週末、ファストフード店で注文したものと微妙に異なるメニューが出てきて、店員さんに指摘したらわざわざつくり直してもらうことになってしまったことをすごく後悔していたんです。こういうことって誰にでもあるはずで、『注文をまちがえる料理店』は、それを許そうよって話だったわけです」

このエピソードを聞いて、小国は近山に相談をして正解だと思った。「1週間前のNHKでの研修では、どんな派手なCMやキャンペーンの話が出てくるのかと思えば、自身がブランディングを手がけた足が動かない人でも漕げる車いす『COGY』の話を、うれしそうに、誇らしそうに、心からこのプロジェクトにかかわることができてよかったという表情で話していた。ぼくは、プロジェクトを起こすときに、頭の引き出しにしまっているさまざまな人の"エピソード"を引っ張り出します。エピソードにはその人が大切にする価値観や人柄、面白がるポイントが込められている。近山さんのエピソードを思い出して、こういういいエピソードをもっている人は『注文をまちがえる料理店』の世界観もわかってくれるはずだと確信したんです」

そうして意気投合したふたりは、その場で「注文をまちがえる料理店」をともに実現させるためのチームとなった。「認知症の当事者やその家族だけではなく、世の中全体と握手できるような大きなものをつくろう」。小国からの突然の連絡がきっかけではあったが、気づけば大きなプロジェクトのキックオフミーティングとなっていた。

「納得」を積み重ねる

近山がチームに加わったのち、ふたりは「注文をまちがえる料理店」の世界観をかたちにするアートディレクター、資金を集めるために使ったクラウドファンディング・プラットフォーム、世の中に発信をするノウハウをもつ大手IT企業、そして料理を担当するシェフなど、アイデアを実現させるために必要な仲間を次々に増やしていった。

多様なプロフェッショナルをひとつにまとめながら全体のクリエイティブディレクションとコミュニケーションデザインを担当する近山は、「3つ

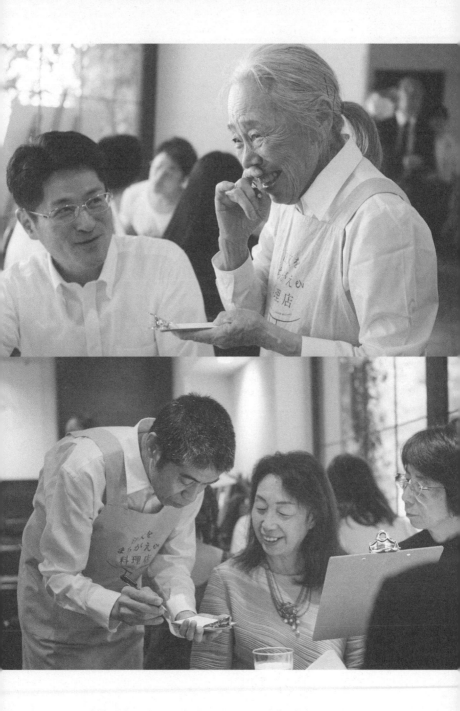

の大きな指針」を共有しながらプロジェクトを進めていったと語る。

　ひとつは、「納得のつくり方」をデザインすること。認知症というセンシティブなテーマを扱うからこそ、チームがしっかりと納得感をもってプロジェクトを進められるようにすることを近山は心がけた。そのためにイベント本番の前にスタッフの練習も兼ねたプレオープンを行ない、参加したお客さんたちにアンケートを実施。その結果、間違いが起きてもほぼすべてのお客さんが「気にならない」と答え、90％を超える人が「また来たい」と答えたことで、確信をもって世の中へ発信できるようにチームのなかでの「納得」を積み重ねていった。

　ふたつ目は、ライバルをあえてテーマパークに設定したこと。「注文をまちがえる料理店」のライバルは、高齢者をサポートするための空間やソーシャルグッドだけを目的としたイベントではなくテーマパークである、とチームは半分冗談・半分本気で話していたという。それが意味するのは、ここは義務的に参加するのではなく、みんなが心から楽しむための空間であり、認知症という課題に対して普段から意識している人だけが訪れる場所ではないということ。行きたくて行くレストランにしよう、通りすがりの人でも思わず気になって入ってしまうような場所にしよう、とのコンセプトのもと、チームは料理店をかたちにしていくことになった。

　そして３つ目は、やるなら温かい方法でやること。認知症や高齢化社会というテーマを扱うにあたり、やろうと思えばいくらでも恐怖訴求（＝ユーザーの恐怖感・危機感・不安感に訴えかけることで「商品やサービスを手にしなければマイナスが生じる」と感じさせ、行動を促す広告手法の一種）をすることはできる。しかし近山たちは、「認知症を抱える人や高齢者の人たちも一緒に働ける社会のほうが、みんなが優しくなれるんじゃないか」というあくまでもポジティブな理由で、「注文をまちがえる料理店」のアイデアを実現させ、社会に伝えていくことにこだわった。「そうやってかかわる人たちの気持ちが常にポジティブな方向に向かっていることが大事だったのかなと思います」と近山は振り返る。

　とはいえ、チームがやってきたことは決して複雑なことではなく、ただただ小国が介護施設で見た「原風景」から逸脱しないことを肝に銘じ、それを世の中に共有することに全力を尽くしただけなのだと近山は付け加える。いまでは「認知症という社会課題にアプローチするためのア

イデア」と紹介されることも多いが、決して課題解決が前提にあったわけではなく、「まちがえちゃったけどまぁいいか」という世界観が拡がっていくことで、結果的にさまざまな課題が解決されているだけなのだと小国も続ける。

「まちがいを起こさないためのデザイン」

　目指すべき指針とビジョンが共有されたことでチームはまとまり、プロジェクトは順調に進んでいったが、ひとつだけ、最後の最後まで彼らが議論をし続けた問題があった。料理店ではわざと間違いが起きるようにしたほうがいいのか、それとも間違いを起こさないようにしたほうがいいのか？ということだ。
　「『注文をまちがえる料理店』と銘打っている以上、間違いが起きることを期待して来店するお客さんもいると思います。しかし、認知症を抱える人々に間違いを起こさせ、それをエンターテインメントに変える、とは不謹慎にも映るアイデアで、実際にそうした意見もありました。確かにエンターテインメント空間をつくることを目指してはいますが、それでもユーザーの体験価値を優先するためにわざと間違いを起こすことは正しいことなのか？という疑問がずっと拭えなかったんです」と、小国は語る。
　その疑問は結局、ある当事者の一言で解決することになった。プレオープン前の最後のミーティングには、当日料理店にて演奏をした若年性認知症を抱えるピアニスト・三川泰子さんと、チェロ奏者の一夫さん夫妻も同席してくれた。そのなかで小国が「わざと間違いを起こすこと」について意見を求めると、一夫さんは企画のコンセプトを褒めつつも、こうつぶやいたという。「妻を見ていると、間違えちゃったときつらそうなんですよね」
　「それを聞いてガツンとやられたんです」と、小国は振り返る。「その一夫さんの言葉でチームの議論はすっきりしました。間違いは起きないほうがいい。間違えないための準備をきちんとやって、間違えることを目的にするのはやめようぜ、と」
　そこでチームは、テーブル席に番号を振る、注文表はごくごくシンプルなものにするなど、「まちがいを起こさないためのデザイン」を徹底していった。それでも間違いが起きてしまったときに、初めて「まちがえちゃったけどまぁいいか」と許し合えたらいい。当事者の方々との対話を重ねることで、チームはまたひとつ「納得」を積み重ねていった。

理想は「注文をまちがえる料理店」がなくなること

　2017年9月に3日間のポップアップ・レストランというかたちで生まれた「注文をまちがえる料理店」は、その後も場所を変えながら不定期で開催。さらに、「自分もやりたい」と手を上げてくれた方にはプレイブックを共有するかたちでオープンソースにした結果、小国や近山の手を離れたところで「スピンオフ料理店」が全国各地で生まれているという。2019年には世界最大級のクリエイティブアワード「カンヌライオンズ」にてデザイン部門シルバーを受賞。そのほか、現在に至るまでに国内外で数々のクリエイティブアワードを受賞している。

　そんな国内外で注目されるプロジェクトにまで発展した「注文をまちがえる料理店」の最終的な目標は、「なくなること」だと小国は言う。

　「いまだに『注文をまちがえる料理店』を話題にしていただけることはすごくうれしいんですけど、逆に言えば、まだ話題になる内容であるということです。でも本当は、どんどんスピンオフが自走しているなかで、オリジナルが何だったのかもはやよくわからないけど『認知症の状態にある人が働くなんて普通じゃない？』『間違いは起きちゃうかもしれないけど、それが人間だよね』と、社会の受容度が上がっていくほうがいい。ですから、『注文をまちがえる料理店』が話題になり続けるよりは、早く話題にならない状態をみんなでつくれたほうがいいと思うんです」

　そんな社会をかたちづくっていくのは、大それたクリエイティブメソッドやお題目と化した「社会課題解決」ではないのだろう。小国と近山の言葉から感じられたのは、何よりも心を動かされてしまった個人のパッションと、それを愚直に突き詰めようとする純粋な姿勢こそが、地道に社会を動かしていくということだった。最後に近山はこう語る。

　「ぼくらがやろうとしていたことは、別に『クリエイティブ』なんて横文字にする必要のない、『これがいいと思ったからやる』をひたすら積み上げているだけなんです。ただ、何をもってクリエイティビティなのかといえば、やっぱりぼくは『想像力』に尽きるのだと思います。当事者の方が喜んでくれるのか。ぼくたち自身が納得してやれているのか。自分自身に嘘をついていないか。周りの仲間たちに嘘をついていないか。そんなふうに人を思いやる気持ちっていうのが本当に大事で。理屈で課題解決をするのではなく、『こうなったほうが面白いんじゃない？』『こうなったほうが楽しいんじゃない？』と、周りの人たちの想像力を刺激し続けること——それこそがクリエイティビティの意味なのかなと、ぼくはこのプロジェクトを通して思っています」

INTERVIEW

水野 祐 Tasuku Mizuno

法律家／弁護士

ルールや契約は、
社会を豊かにするある種の
「松明」のようなもの

法律はわたしたちを縛るものではなく、創造性を駆動させるツールとなりうる。そう提唱し続ける法律家の水野祐氏に、ルールメイキングとクリエイティブの共通点、差異性、そして、これからの社会における役割を訊いた。

わたしは普段、スタートアップから大企業まで、主に企業法務に携わる弁護士として仕事をしています。映像・映画や音楽、ファッション、デザイン、アート、建築といった、いわゆるクリエイティブ産業の仕事と、AIやNFT／ブロックチェーン、メタヴァースなど新しいテクノロジーに関するサービスやアプリケーションを開発している、テック企業のプロジェクトが大半を占めています。また、まちづくり／地域活性化やエリアマネージメント、あるいは国・行政・自治体などの公的機関のプロジェクトにも携わっています。

そこではクライアントの日々の法律相談や契約書のドラフトやレビュー、新しい事業の法的な適法性の担保、意見書の作成などの業務がメインになるわけですが、少し変わった仕事もしています。

クライアントの新しい試みや事業がこれまでの法律の解釈では法的にグレーゾーンになってしまう、あるいは違法になる可能性があるとき、政治家や行政機関に働きかけてアイデアを提案し、法改正につなげていく。近年その重要性が認知されるようにもなった「ルールメイキング」と呼ばれる類いのものです。

社会の価値観やテクノロジー、あらゆるものが加速度的に変化し、現実と法の乖離がより大きくなるなかで、法律やルールはわたしたちを縛り、クリエイティビティやイノベーションを阻害する要因だと捉えられることがほとんどです。しかし、法律や契約に備わっている「余白」の解釈と運用、設計によって、むしろ創造性やイノベーションを駆動させることができるのではないか。そうした問題意識のなかで、わたしはルールの文言に対して解釈とロジックを模索する、いわばルールを"ハック"する思考

のもとでルールメイキングに携わってきました。

**共創型のルールメイキングが
より重要かつ可能になってきた**

そうしたなかで、創造性を疎外しないルール形成のデザインや捉え方が共通認識として公民双方に少しずつ育ち、法が新しい試みにとって動かし難い壁となっているケースが、徐々にではありますが少なくなってきているように感じます。行政も時代に合わせてルールは変えたいし、変えざるをえないためアイデアを求めています。適切なタイミングで適切な政治家や役人に具体的なイシューとソリューションを提案すれば変えていける、あるいは変わっていく。まちづくりや都市のデザインにおいては、官民が連携したプロジェクトが数多く生まれていますが、そうした在り方がルールという領域にも及んできています。解釈ひとつでルールをハッキングするだけではなく、共創型のルールメイキングがこれからより重要、かつ可能な時代になっているのではないでしょうか。

以前、『Regulatory Hacking』の著者で米国の規制産業専門のベンチャーキャピタリストであるエヴァン・バーフィールドさんと対談をする機会があり、そのときに印象に残った言葉があります。彼は、情報産業はディスラプションされ尽くし、インターネットやデジタル技術の恩恵を受けるのは社会インフラにかかわるサービス／ビジネスであり、これからはディスラプションの時代ではなく「規制の時代」なのだと言うのです。

金融や医療、教育、人の生命や身体の安全にかかわるものなど、社会インフラ領域のルールには、急激に変えていいものとそうでないものが

存在します。だからこそ、幾層にも規制が設けられ、そこにはさまざまな理由があるわけですが、これらをハッキングしてグレーゾーンを突き進み、やってみてダメだったら違うトライをしてみる、といった発想が、むしろ社会にとってのリスクを大きくしてしまう時代になっています。またルールのディスラプションはハレーションも起きやすく、結果的によりよい社会実装とはほど遠いものとなってしまう可能性があります。

ルールのハッキング、あるいはルールメイキングは「既存のルールをなくす／くぐり抜ける」ことに主眼を置きがちです。しかし、そのルールが社会に本当に必要なものなのか、なぜそのルールがあるのか、というところに一度立ち戻って考え、社会にフィットする新しいルールを丁寧につくっていくことが求められているのです。

ルールとアイデアの中間地帯

法律や契約を含むルールとは、わたしたちの行動や価値観をかたちづくるうえでの滑走路、補助線のようなもので、あくまでもわたしたちの生活や社会を豊かにするため、また便利にするためのツール、あるいはテクノロジーであると捉えるべきです。

ある側面では広告クリエイティブにも同じことが言えるかもしれません。人間の感情に直感的に作用しながらアテンションを引き付けることで人や社会が向かう方向を示す、ある種の松明のようなものです。もちろん、制度化したルールや法律は強制力（その度合いにもグラデーションはありますが）があり、例えば気候変動への取り組みなど、人間の自律

性に任せていては達成が難しいものを、望ましい方向に誘導していく力が広告よりも圧倒的に強い。しかし、ルールも広告クリエイティブもあくまで手法・ツールにすぎず、つくる人と使う人の目的意識や使い方によってよくも悪くもなるという点では共通しています。そして、よいルール／ツールにするには、それを使う人がかかわっていることが重要で、それがなければ、誰も使わない、残っていかないルール／ツールになってしまいます。これは、ユーザーイノベーションやデザインシンキングの基本的な考え方とも言えるでしょう。

自分ごととして参加しにくい法やルールと、生活者／個人のアイデアの溝を埋めるひとつの存在として興味深いのは「条例」です。わたしは全国の変わった条例を収集するのが好きでよく調べているのですが、条例のようなルールもひとつのクリエイティビティの産物として捉えることが可能です。

例えば、わたしがディレクターを務めた企画展「ルール？展」でも作品として取り上げた神奈川県真鶴町の「美の基準」は、港町の美観を残すために、都市計画家・建築家であるクリストファー・アレグザンダーによる「パターンランゲージ[※1]」の手法に従ってコード化した「美の基準デザインコードブック」をつくり、それをまちづくり条例として埋め込んでいます。全国各地でリゾートマンションの乱開発が進んだバブル期、それに対抗した住民や、真鶴町で生まれ育った役場職員たちが主体となって生まれたこの条例は、地域のシビックプライドの醸成に寄与し、現在では若者の移住決断の大きな決め手にもなっています。

そのほか、ヨーロッパや米国の一部の州、台湾などで法律化されてい

※1　人々が心地よいと感じる街や建築物のパターンやコミュニティ内で共有されているある暗黙的な知識や価値観を言語化・体系化して、創造的に活用可能にするための手法

る「1パーセントフォーアート^(※2)」の概念を地方都市としてはじめて取り入れた群馬県の「群馬パーセントフォーアート」や、子どもを褒めることを推進する鹿児島県志布志市の「子ほめ条例」、高知県高知市の「高知市市民と行政のパートナーシップのまちづくり条例」、兵庫県明石市の「あかしインクルーシブ条例」など、一風変わったもの、法的義務が発生しないものも含めて、さまざまな条例が各地で生まれています。

法律は法的拘束力、強制の度合い、罰則の有無がフォーカスされがちで、それはもちろん重要なことなのですが、「法のメッセージ効果」も法の大きな作用のひとつです。それは世の中での意味と是非を問う議論が伝統的に存在する、実行力をもたない条例においても同様です。どのような街や都市をつくっていきたいかといった、方向性や理想を掲げる旗のようなもので、そこで掲げられたルールの影響は地域の自意識にも寄与していく作用があります。

また、「子どもを褒めよう」「まちづくりは市民が中心にある」という、当たり前のことをわざわざ条例化するのは、それをあらためて社会のなかで確認して共通認識をつくる、という効果を期待したものでもあります。

法は国民・市民の生活に介入するものですから、それをわざわざ国家や各行政自治体に規定される話ではないという議論ももちろんありますし、先述のように使い方や目的によって毒にも薬にもなりえます。発想自体は素晴らしいものの、「〇〇で乾杯条例」のようにフレームだけを横展開して、条例の制定そのものが目的化してしまうこともありえます。

ただ個人的には、社会や生活者のなかである程度コンセサスが取れていることに関しては、権利義務

の有無を含めて、法をツールとして活用するという選択肢は必要だと考えています。地方が今後ますます競争にさらされてしまうことが確実ななかで、生き残っていくためのある種のアイデンティティやブランドの構築手段として活用する事例は増えていくでしょう。何より、実行力のない条例では、生活者に対して選択肢が与えられています。「日本酒で乾杯条例」があったとしても、ビールで乾杯してもいいわけです。そのルールを守ることが目的になるのではなく、その条例を見てどう思うか、どういう条例であるべきか……という意識をもつこと自体が、個人や企業がそれぞれの利益を超えて、自分の住む街や社会にどう還元し、変えていくかを主体的に考えるための装置になりえます。公と民、ルールと個人の生活・アイデアの中間にあるような存在だと捉えることができるのです。

生活と法は
つながっている

わたしたちは隣人や友人、恋人、家族などとの関係性を豊かにするために、あるいは効率的にするために、それぞれの生活様式、行動様式、思考様式にのっとった振る舞いを、暗黙の了解も含めた有形無形のルールというかたちで自然に内在化する、ということを普段の生活のなかで行なっています。これは、本来法律以上に大事なもので、同時に社会のルールや法律ともつながっているのです。

英国のブリストルには、住民が道路を封鎖して、子どもたちを自由に遊ばせる「プレイングアウト」というムーブメントがあります。これは、もともと地元のおばあちゃんたちが独断で道路をバリケード封鎖し、それを

※2 公共建築の建設費の1％を、その建築物に関連する芸術・アートのために支出するという考え方

遊具にして子どもたちに遊んでもらったり、道路にチョークや石で絵を描かせたりしたことが発端になっています。それが次第に制度化されていき、英国内の約70の自治体が取り入れ、いまでは1,000カ所を超える道路で実施されるまでになっています。ブリストルの行政サイトには、誰もがプレイングアウトを実施できるようにスタートキットやハウツーも掲載されています。誰でもできるハードルが低いものだけれども、よいルールが生活者から生まれ、自治体の政策にも影響していった好例だと言えるでしょう。ルールメイキングは生活のなかで誰もがすでにやっていることであり、新しいルールや社会を駆動させるアイデアの種は生活のなかにあります。法やルールと個人のアイデアの境界線は、実は非常に曖昧なものなのです。

しかし、それが「条例」「契約」「法律」という言葉と結びついた途端に、ルール（とそこへの参加）が、自分と遠いことのように感じてしまう。法律やルールは、（文字というメディアの性質上避けられない部分ではあるのですが）受け手のリテラシーに強く依存している側面があります。加えて、わたしはこれを「ルールの可塑性」と呼んでいますが、ルールは一度決めると金科玉条になってしまい、「法律に書いてあるから」と、ルールを使う側の思考も、ルールそのものも硬直化してしまいがちです。それが、今日の日本社会においては「ルールは自分たちを縛るもの」という根強い意識につながっていると感じます。

規定されたルールや法に照らし合わせるだけで解決できない問題が次から次へと顕在化する昨今の社会状況にあっては、ルールは与えられて従うだけのものではなく、「な

ぜそのルールがあるのか？」「どうしたらいいルールがつくれるのか？」というところまでさかのぼって考える必要があります。

ただ一方で、そのようにリテラシーに頼ることにも限界があります。そこで必要になるのがコンピテンシーだと思います。いま、ルールメイキングにはリテラシーではなく、コンピテンシーが必要なのです。「コンピテンシー」という言葉は、当時台湾のデジタル担当大臣だったオードリー・タンさんの考えが紹介されたことで、日本でも広く認知されました。「能力」「適性」という意味の「コンピテンシー」は、ユーザーが受け手であることを前提としている「リテラシー」という言葉に対して、つくり手になる力、参加する力、自分のこととして捉える力というニュアンスを含みます。

個々人がこのコンピテンシーを発揮するためには、参加を促す設計が非常に重要になります。わたしの子どもには、家でゲームをするにあたってのルールを守ってもらっていますが、その約束は一緒につくるところからスタートしています。この「一緒につくる」というプロセスが非常に大切で、それは当事者が何らかのかたちでかかわることで自分ごとにすることができるからです。押しつけられたルールはリテラシーに依存し、参加したルールはコンピテンシーを促すのです。

生活と法の溝を埋める
クリエイティブの役割

個人のコンピテンシーを育むと同時に、生活のなかから生まれた小さなアイデアをきちんとすくい上げ、社会のコンセンサスにしていく。どこか離れてしまう生活と法の距離を埋

め、地続きにしていく。そのために、クリエイティビティというツールは大きな役割を果たすことができるはずです。

　誰もが触れることができ、使われ、残っていくものの起点には、身近なところから始まった遊び心や創造性があります。法律や条例、ルールづくりは政治家や行政、法律家などのプロフェッショナルが得意とするところですが、法のテクニックやリーガルエンジニアリングの発想からは新しい法解釈というものはなかなか出てこないもので、創造性やアイデアは法律のプロでは自発的に考えられない領域でもあります。生活者やクリエイター、起業家など、個々人の「こういう社会になるべき」「この事業／アクションは許されてしかるべき」「だけどそうなっていないのはなぜなのか」──そんな疑問とアイデアが生まれてはじめて、社会に表面化させるために法解釈やルールメイキングというツールが活用できるのです。

　社会と人の心を結びつけていくパブリックリレーションズや広告クリエイティブのコミュニケーションは、利益誘導的になりやすいという側面を充分に自覚する必要がありつつも、生活や社会のなかで一定の方向性が見えているものに関しては、望ましいアクションをサポートすることで最大化させる役割を大いに期待することができます。

　また、民間のクリエイティブの大きな武器は、小さく始めていけることでもあります。法やルールではそれはできません。わたし自身、これまでなかなか変わらないものに対して「なぜ変わらないのか」「一刻も早く変えなければいけない」と、大きなフラストレーションを感じ、かつ原動力にしてきた人間でした。しかし、社会の

なかで絶対に変わらないと思っていたのに、この10年で変わった、変わっている、変わらざるをえなくなったものが数多くあります。それは、法律や条例によって変わったものもあれば、認識によって変わったものもあります。重要なのは、焦らず、変えていける場所から変えていくことです。例えば、子どもを遊ばせることができるスペースを家の近くに確保することかもしれないし、障がいを抱える方々やセクシュアルマイノリティが仕事をしやすい制度や環境を会社のなかでつくることかもしれない。あるいは、本著でも紹介されているような、認知症を抱える人々がホールスタッフとして働ける「注文をまちがえる料理店」のようなかたちであるかもしれません。それが、認知症のイシューを超えて障がいのある方々が働きやすい環境を整える法律につながる、つまり小さなアクションが、大きなアクションにつながっていく可能性があるのです。一歩一歩進んでいくことで、変えられることがある。至極当たり前のことかもしれませんが、その想像力をクリエイティブはもち続けていくべきなのです。

法律家。弁護士（シティライツ法律事務所）。Creative Commons Japan 理事。Arts and Law 理事。九州大学グローバルイノベーションセンター（GIC）客員教授。慶應義塾大学SFC非常勤講師。著作に『法のデザイン －創造性とイノベーションは法によって加速する』など。雑誌『WIRED』日本版にて『水野祐が考える新しい社会契約〔あるいはそれに代わる何か〕』を連載中。

CHAPTER 2

暮らす、を変える

NEITHER AI NOR RIDE-SHARE IS NEEDED FOR VANISHING CITIES

ノッカル

"消滅可能性都市"に必要なのはAIでも はやりのライドシェアでもない

富山県で最初に消滅可能性都市に指定された、人口
1万人、高齢化率45%の朝日町。日本の課題が凝縮
された同町の課題解決に必要なのは、AIでもライド
シェアでもなかった。生活者としてもこの町にかかわ
ることを決めた博報堂担当者の「わらしべ長者戦術」。

ISSUE

社会課題

何を課題と捉えた？

コミュニティの弱化による暮らしの質の低下

INSIGHT

視点

解決の糸口となったポイントは？

町に存在する8,000台の自家用車

ACTION

実装

具体的に何をした？

地域のおせっかい焼きと困っている人を
マッチングさせる乗合サービスの開発

KEY PLAYERS

畠山洋平
Yohei Hatakeyama

博報堂 MDコンサルティング局長代理。生活者主導社会を導く社会課題解決プロジェクトリーダー。博報堂入社後、営業職で広告業務などに9年携わった後に、営業職を離れ、従業員組合の委員長として会社運営へコミット。その後、大手通信会社営業として担当し、人事局に異動。人事制度設計などを担当した後、再び営業職に復帰。

堀内 悠
Yu Horiuchi

博報堂 DXソリューションデザイン局長代理兼グループマネージャー。生活者主導社会を導く社会課題解決プロジェクトリーダー。マーケティング領域を主戦場に、構想から実装までさまざまな手法で市場成果を上げ続ける。博報堂MaaSプロジェクトやノッカルプロジェクトでは、ビジネス戦略、サービス開発など、プランニング領域のリーダーを務める。

富山県朝日町。海や川、山に平野……豊かな自然環境を擁しながらもいわゆる「消滅可能性都市」のひとつに数えられ、人口わずか1万人超のこの町が、いま全国の地方自治体から耳目を集めている。理由は、博報堂と朝日町が連携して推進する交通サービス「ノッカルあさひまち」にある。既存の交通サービスにテクノロジーをかけ合わせた「MaaS（Mobility as a Service）」と呼ばれるサービスの一種、と言うと何やら小難しいが、平たく言えば地域住民のマイカーを利用した「マイカー公共交通サービス」だ。2021年10月に本格運行が開始されてから、現在の利用者は3,000名以上、町内での認知率は84%を超えた。現在までに100を超える全国自治体から朝日町にひっきりなしに視察が来るまでになっている。

　自家用車を所有している住民がどこかへ出かける際に、同じ地域住民の送迎もしてもらう。その際、商品券による報酬も発生する──。提供している内容は至ってシンプルな「ノッカルあさひまち」だが、その理念は、高齢化する地方地域における交通インフラのソリューションだけにはとどまらない。「これからの公共サービスを共助・共創によってどうやって実現させるか？」という問いへのアプローチを通して、一人ひとりが住みたい町に住み続けられる未来をつくることを目的に掲げているからだ。同プロジェクトにプロデューサーとして携わったのが、博報堂の畠山洋平だ。自他ともに認める「パッション型」の畠山は、プロジェクトに取り組むこととなった動機を、自身が感じる地域の課題感とともに語る。

　「4年前、親父を亡くしました。オカンは突然、奈良の田舎でひとり暮らしとなってしまった。いまはまだ元気だけど、いずれ免許も返納することになります。田舎なのでバスの路線は減っていて、交通インフラにも期待できない。これがうちだけの問題であればぼくが頑張って稼いで楽をさせてあげればいいのですが、こうしたケースが日本全国で起きているという事実を、当事者になったことでより鮮明に意識するようになりました」

　朝日町も高齢化率が45%という内情を抱え、最も移動手段を必要とするはずの高齢者が続々と免許を返納している。都心のように地下鉄やバスが網の目のように張り巡らされていない地域で、いったいどうやって生活すればいいのか。畠山は、そんな危機意識を自分ごととしてリアルに捉えた。一方で、畠山はクライアントのコンサルティングや広告業務を担当してきたという背景もあった。

　「クライアント業務においても、大事にしてきたのは"生活者発想"です。例えば自動車メーカーさんの仕事で小型車を担当したとき、生活者

にとってそのクルマが暮らしをどう豊かにしてくれるのだろう、という考え方でプランニングしてきました。ただ、少子高齢化に歯止めはかけられないし、人口の減少は現実として受け入れるしかないので、自動車市場の大きな拡大は望めない。そうしたなかでイノベーションを起こすために博報堂がチャレンジしているのが『ノッカルあさひまち』です。『ノッカルあさひまち』の推進は、一見遠回りのようですが、生活者のためになれば事業者のためになる、ひいてはこの国が抱える課題への糸口になると思っています」

　生活者発想とパートナー主義。この考え方は、博報堂の企業理念でもある。「誰を幸せにするのか」を追求する。そこが、自身が常に立ち返るべき命題なのだと、畠山は繰り返す。

本当の課題は「交通」ではない

　畠山は全国各地の地域を訪れた結果、富山県の東端にある小さな町にたどり着いた。「この町には日本の課題が凝縮されている」。彼はそう振り返る。

「朝日町は、富山県のなかでも最初に消滅可能性都市に指定され、高齢化率もナンバーワン。課題先進地域と言ってもいいでしょう。ただ、朝日町は非常に厳しい状態のなかでも、『消えてたまるか！』とさまざまな施策を打っていました。全国に先駆けて行なってきた公立病院改革やテクノロジーを活用したICT教育はその一例です」

　ただ手をこまぬいて消滅を受け入れるような自治体ではなかった。かといって朝日町の力だけで解決しよう、という内輪な発想でもない。外部事業者の受け入れにも積極的だった朝日町なら、ともにプロジェクトを推進できるのではないかと畠山は手応えをもった。

「あとは純粋に、朝日町の人や風景が気に入ったんです（笑）」。その言葉通り、畠山はいま、朝日町にも住居をもち、都内との往復による二拠点生活を送っている。自身も生活者となりながら、移動手段が衰えていく一方の地域住民の声に耳を傾けるなかで、畠山は本当の課題は「交通」ではなく、「コミュニティの弱化による暮らしの質の低下」だということに気づいていった。

　コロナ禍でイベントも減った。年齢を重ねて移動が大変になり、人との交流も少なくなった。その結果、地域コミュニティがこれまで以上のスピードで先細っていくこととなった。「ノッカルあさひまち」は乗合サービスながら、そのコミュニティ活性化に働きかけている。根底には、現在の

コミュニティの在り方を考えるにあたって、「負担（費用や業務）を誰かに集中させ過ぎていないか？」という課題意識がある。

　目減りしていく交通インフラに比べて、朝日町にあるタクシー会社はたった1社。それも、80代の社長が経営している。息子も継ぐ予定がないという。タクシーの台数もたったの10台だった。タクシー会社一社に頼り続ける状況はいずれ破綻してしまうだろう。しかし、住民に目を向けてみれば、朝日町で使われる自家用車は8,000台以上もある。では、それを地域の資産と捉えることで、地域住民が自家用車を運転するドライバーになってもらうというソリューションが浮かんできた。「ノッカルあさひまち」では、地域の事業者であるそのタクシー会社にも参画してもらい、ネット経由で申し込めない方用の電話応対窓口を請け負ってもらっている。

「必要性」以上に何をもたらせるか

　地域と博報堂とで実現した官民連携による乗合サービスは、2020年8月から実証実験を始めたが、前述してきたように、内容は決して目新しいものではない。自家用車をもつ住民がスーパーに向かう途中、近所のおじいさんやおばあさんを病院まで送る、スーパーの買い物に連れていく。そんな使い方がされている。

　「田舎では昔から、ご近所さんの車に乗せてもらうということは多かったですよね。ただしこれまでは、厚意から車で送ってもらったとしても、その返礼に果物や野菜を持っていくのが暗黙のルールでした。話を訊くと、実は当事者たちもそれが億劫で送迎を頼みづらかったと。けれど『ノッカルあさひまち』は報酬も含めて仕組み化されているので、気を使い合う必要がありません」

　現在「ノッカルあさひまち」の利用先として多いのが、温浴施設や娯楽施設だ。従来の「地域住民同士の助け合い」だと気が引けてしまうため、「ちょっと友達のところまで連れていってもらう」「知人の家に遊びに行く」といった雑事をつい諦めていたものの、気軽に頼める仕組みがあることで、生活に潤いを与える楽しみが増えていくこととなった。

　まだ30名程度ながら、ドライバーには外から来た住民も多い。元々の地域住民とのコミュニケーションを図れる機会をもてたことで、彼らからは「地域から認められている感覚」を得られているという声が上がってきた。日常的な移動手段がなければ入院するしかなかった高齢者が、通院で済んでいるという事例もある。本当はこうあってほしかった、という生活者のささやかながら切実な思いを汲み取って地域に価値を

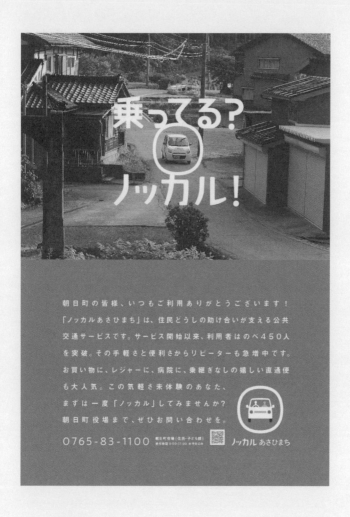

乗ってる?
ノッカル!

朝日町の皆様、いつもご利用ありがとうございます！
「ノッカルあさひまち」は、住民どうしの助け合いが支える公共
交通サービスです。サービス開始以来、利用者はのべ450人
を突破。その手軽さと便利さからリピーターも急増中です。
お買い物に、レジャーに、病院に、乗継ぎなしの嬉しい直通便
も大人気。この気軽さ未体験のあなた、
まずは一度「ノッカル」してみませんか？
朝日町役場まで、ぜひお問い合わせを。

0765-83-1100　朝日町役場〔住民・子ども課〕
受付時間 9:00-17:00 ※平日のみ　ノッカル あさひまち

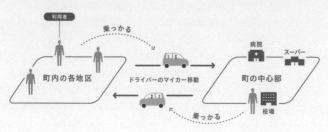

提供することで、住民を含めた全員参加型での地域全体の交通にとどまらない文化形成を「ノッカルあさひまち」は担い始めている。「要するに、地域のおせっかい焼きと、近所の困っている人とをマッチングさせる器なんです。お互いが助け合う、言わば『お互いさまの精神』を可視化させるサービスですね」と、畠山は気取らない言葉で説明する。

システムはユーザーに余計な負荷がかからないように開発されている。管理者用のシステム、ドライバー用のスマホアプリ、そして利用者が多い高齢者向けにはLINEや電話でできる簡易な予約システムがそれぞれ用意されている。まったく新しいクルマ、まったく新しい人材、まったく新しい仕組みをゼロから構築せずとも、すでにそこに存在する資産を編集・利用することでコストを最小限に抑え、新たな価値を生むことができる。これが、大きくない自治体で無理なくサービスを実現し、継続させていく秘訣のひとつであるという。

はやりのライドシェアを田舎に導入しても意味がない

少子高齢化は動かしようもなく進行する、確実に予期された未来だった。なぜ日本では、ここに至るまで交通課題にメスが入ってこなかったのだろうか。

「使命感をもって市民の生の声を聞いている行政の現場の方も少なくない。けれど、いざ新しい仕組みを導入しようとするとさまざまな壁が立ちはだかり、なかなか簡単にいかないのです」

博報堂のMaaSプロジェクトや「ノッカルあさひまち」のサービス／システム開発をリードする堀内悠は、理由をそのように説明する。

「それに、新しくなじみのない交通サービスをいきなり無理に実現させようとすれば、逆に地方の既存交通システムはすべて潰れてしまうでしょう。海外の一部地域でライドシェアサービスが成功しているのは、人口集中地域に限られています。あれをいきなり日本の田舎でやれば、かかわった事業者は全員共倒れになってしまう可能性すらあります」

地域交通はマイカー社会の地方部にとって生活に欠かせないインフラだ。何よりも重要なのは、各地域で持続的に提供し続けていけること。いま、地域交通のコスト削減と持続可能性を突き詰めた仕組みを開発している堀内も当初、さまざまな構想を手に朝日町との取り組みに挑んだ。

「MaaSというと『ルート設計できるAIを導入』みたいなケースも多いのですが、実際に町を訪れたらわかるように、朝日町のような小さい町にAIは要らなかったんです。AI導入だけでも、運営費用は年間で一桁は

変わってきます。ほかにも、最初はデジタル決済を導入するつもりでしたが、高齢者にはなかなか難しかった。普段のコミュニティバスのバス券を利用できるようにしたり、タクシー会社に電話すれば予約できる仕組みにするほうが、よっぽど地域の方々が使いやすい『地域になじむ設計』だったんです。ノッカルユーザーの平均年齢は80歳を超えますから、『いかに使いやすいか』がサービス開発における最も重要なポイントでした」

　最先端のテクノロジーや都市部では当たり前のデジタルサービスも、地方エリアの特性やユーザー層によっては、なじまないものになってしまうこともあるのだ。

「朝日町に代表されるような地方エリアでは、少子高齢化が進み、多様な社会課題が現実のものとして存在しています。人口5万人以下の自治体は、日本全国1,700あまりある自治体のなかで、70%以上に及びます。海外や都市部での交通と、地方部での地域交通はまったくの別物。デジタルやテクノロジーも活用しながら、地元の方々と二人三脚で、地域に適した地域になじむ交通や生活の在り方を考えていくべきだと思います」

　表面的には非常に地味な取り組みに見えたとしても、国土交通省からの許認可、国の補助金の申請、大手メーカーであるスズキの参画とノウハウの共有、バックエンドでのシステム構築など、その裏にはさまざまな要素が組み込まれている。これは、さまざまな領域のプレイヤーの中間に立ち、それらを結び付けてクリエイションを実現してきた広告会社だからこそ可能だったといえる。

「わらしべ長者」を実現する

　朝日町の抱える課題を徹底的にヒアリングしながら、目の前にある切実な課題にひとつずつアプローチしていくなかで生まれたサービスのひとつに「ポHUNT」がある。LINE内のミニアプリを利用した地区対抗ポイント獲得プロジェクトである。具体的には、お店に行く、飲食店を利用する、運動施設などで身体を動かす、公共交通を利用する、あるいは健康クイズに回答したり動画を見たりするだけでポイントが加算されていく仕組みで、ポイントは旅行券や家電などの抽選に利用できるといったサービスだ。

　朝日町には10の地区がある。地区ごとの累計ポイントをわかりやすくランキング形式で可視化することで、地域ぐるみで「ポHUNTやっとる

んか?」といった交流を促した。高齢者にデジタルサービスを利用してもらうハードルは非常に高いとされているが、朝日町は「ポHUNT」をデジタルサービスに対する抵抗感を減らすきっかけにし、その先のアクションにつなげているのだ。「ポHUNT」でLINEに触れた高齢者は、「ノッカルあさひまち」のLINEでの予約システムにも慣れてきているそうだ。移動手段の少なさに起因した地域内交流の機会減少の改善に一役買っているだけでなく、「ノッカルあさひまち」に必要な最低限のデジタルリテラシーの向上につながっているのだ。

また、習いごとに通う子どもたちを対象にした「こどもノッカル」という取り組みも、2022年10月から実証実験が始まっている。翌11月には、同じ富山県内の高岡市でも同じく「ノッカル中田」という乗合サービスの実証実験が開始した。畠山自身は博報堂の人間でありながら、朝日町の次世代パブリックマネジメントアドバイザーや富山県地域交通戦略会議委員といった立場に任命され、朝日町の生活者としての目線からプロジェクトを推進している。

「実際のところ、まだ明確なビジネスモデルが見えているわけではありません。しかし、まずは生活者と事業者に寄り添うこと。生活を豊かにすること。そこで突き抜けることができたなら、自然と自社の利益も見えてくるでしょう。生活者をエンパワーメントすることで企業としても利益を出せる、そんなインパクトを社会に起こしたいんです。そのために必要なのは、やはり『思い』です。課題を自分ごと化しない限り、本気では働きかけられない。その思いが、技術やパイプ、あるいは同じ志のある社内外の人材を呼び寄せて、地域住民を巻き込んで全国に波及していくと考えています。博報堂社員の自分だからこそできた『わらしべ長者』戦術です」

交通課題や地域格差の解消という命題は、日本に住み暮らす誰にとっても無関係ではない。都心での生活者であっても、税収などの負担はむしろ地方よりも大きなものとなっているという実状があるため、「過疎化する田舎特有の課題」と他人事でいれば、同じ船に乗っている自らの暮らしにもいずれ必ず返ってくる。つまり、「ノッカルあさひまち」は"単なる地方の乗合サービス"では決してないのだ。

人口の減少という動かしがたい統計予想を前に、日本が抱える課題を解消するための正解など誰ももっていないし、途方もないことのようにも思える。しかし、生活者の声に耳を傾けて地域の小さな課題に取り組むことは、一見遠回りに思えるかもしれないが、それが、ひいては事業の利益、そして日本の課題解決という結果に巡ってくるはずだと畠山と堀内は考えている。

THE
ESSENCE
OF PUBLIC
RELATIONS
IS TO
TRANSLATE
INTO
THE
LANGUAGE
OF SOCIETY

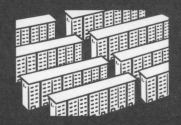

茶山台団地
再生プロジェクト

パブリックリレーションズの本質は
社会の言語に翻訳すること

高度成長期、激増する人口に耐えうるキャパシティを
確保するべく続々と進んだニュータウン構想や住宅団
地の建設。その衰退が顕著なものとなった現在、Ｖ字
回復を遂げたある団地を支えた、パブリックリレー
ションズの「翻訳」の作法。

ISSUE

社会課題

何を課題と捉えた？

団地の衰退とコミュニティの喪失

INSIGHT

視点

解決の糸口となったポイントは？

問題の根源にある「人が合わせる住宅」の在り方

ACTION

実装

具体的に何をした？

全戸DIY可能な
団地再生プロジェクト

(KEY PLAYER)

久保田 敦
Atsushi Kubota

大手不動産デベロッパーで投資・開発・運用業務や、京都・
東京に誕生する水族館の開業時広報部門立ち上げに携わ
る。京都北部の中山間地での生活を経てオズマピーアール入
社。クライアントが取り組む社会課題をステークホルダーととも
に解決し、持続的な事業成長に貢献するプロジェクト推進に強
みをもつ。PRアワードグランプリ／ACCゴールドなど受賞多数。

1970年代、人口増加を受けて住宅を確保する目的で全国各地に建設された住宅団地は、高度経済成長の暮らしの風景において象徴的な存在のひとつであった。しかし半世紀が過ぎた現在では人口減少や少子高齢化、建物の老朽化とともに入居者は減少。それによるコミュニティの喪失や生活環境の悪化は、全国の住宅団地に共通する課題となっている。

そんな状況にあって、住宅団地再生のモデルケースとなっている事例が、大阪府住宅供給公社が管理運営する大阪府堺市の賃貸住宅団地「茶山台団地」である。1967年に丘陵地帯を開発して建設された「泉北ニュータウン」の一角に位置し、1970年にまち開きをした茶山台団地。約1,000戸が常に満室に近い状態だったものの、2000年後半ごろからは打って変わって入居者数が減少を続け、空き家は150戸に迫ることとなった（2015年時点）。また、65歳以上の高齢者が入居者の半数近くを占め、ひとり暮らし世帯も増加。さらには近隣のスーパーが撤退したことで買い物が困難な地区になり、小児科などの医療機関も姿を消していく……。そんな負のスパイラルに陥り、典型的な衰退団地への道をたどっていた同団地だが、2017年以降は入居者数が増加に転じ、2022年時点では入居率が93.5%に上昇。20〜40代の新規契約者数は2016年から約70%増という劇的な再生を遂げている。

広聴から断行した「ある義務」の免除

「団地には、『家賃は安いけれど仕方なく住む場所』『（狭さや設備の古さなど）住まいのスペックが低い』『自治会や近所との付き合いが面倒そう』といったネガティブなイメージがありました。入居率や入居者構成とともに、こうした負のスパイラルを正のスパイラルに変え、地域の若い担い手の不足やコミュニティの希薄化を防ぐ。これをミッションに、団地を運営する大阪府住宅供給公社が2015年にスタートしたのが茶山台団地再生プロジェクトです」

そう語るのは、同プロジェクトにおいて2017年から広報戦略の企画立案・実施に携わった、博報堂グループのPR会社であるオズマピーアールの久保田敦だ。久保田は、このプロジェクトの大きな特徴のひとつに徹底した「広聴」があり、そのツールとして大きな機能を果たしたのが「図書館」のようなコミュニケーションスペースだったと言う。

「団地や地域コミュニティの再生には、何より当事者、つまり住民の理解とサポート、主体的な参加をかたちづくることが重要です。そのために、

まず運営事業者側が団地に住む生活者との地道な対話を通して困りごとや痛みを知り、それによって『課題と問いの質を高める』ところから始まりました。そこでインサイトを得るうえでの重要な対話の場となったのが、団地の集会所を持ち寄り型の図書館として活用した『茶山台としょかん』です。子どもたちやその保護者が気軽に集まることで次第に交流が生まれていき、図書館の運営に携わった住民の企画で150名が参加した『団地ウェディング』も実施されました。こうして少しずつ醸成されたコミュニティとの対話・広聴を、団地に住みながら運営する受託事業者を接点にしながら行なうことで、本質的な課題やニーズを把握していったんです」

「もっとおしゃれな住居に住みたいけど我慢している」「高齢でのひとり暮らしなのでもっと交流できる場所が欲しい」「子どもができて手狭になったので引っ越しせざるをえない」「近くにスーパーがなくて買い物ができない」「修繕もせずに数十年住んでいる」……。さまざまな住民の声が積み重なっていくなかで、これらの広聴活動などから感じ取った課題に対して茶山台団地では「退去時原状回復義務」の免除、つまり、茶山台団地の全住戸（約1,000戸）を「DIY可」の物件にすることとなった。

「課題の根源は、これまでの画一的な集合住宅の在り方にあるのではないか。住まいが人間の多様性を受け入れ、人間に合わせる団地を住民とともにつくり出すことが、地域の持続性につながるのではないか……。おそらくそんな議論が、プロジェクトメンバーの間で起きていたのだと思います」

　さらに、隣り合うふたつの住戸をひとつにつなぎ合わせ、ふたつのリビングや土間がある部屋などさまざまなコンセプトをもつリノベーション住戸「ニコイチ」のほか、提携NPOや延べ180人の住民がDIYに参加し、空き部屋をイートイン可の惣菜屋に改装した「やまわけキッチン」など、団地初となる試みが住民が主体となって次々と生まれていった。地道な広聴活動による課題と問いの質の向上が、課題を解決する創造的なアイデア・ソリューションの実現につながっていったのだ。

「かかわりしろ」をつくるインナーリレーション

　住民が賃借人という受益者の立場を超えて団地再生の担い手になり始めていたころ、オズマピーアールは大阪府住宅供給公社のパブリッククリレーションズ戦略を担う立場として、茶山台団地再生プロジェクトに参加し始めた。

「大阪府住宅供給公社様は、創業以来半世紀近く本格的な広報活動を行なっておらず、団地再生プロジェクトに呼応するようにして広報部門を立ち上げた変化のタイミングでもありました。そうしたなかで、わたしたちはPR発想をベースにしたコミュニケーションの全体設計と、その後のPR活動も伴走しながら支援する立場として参画しました。PRというと、メディアを活用してパブリシティを獲得し、クライアントの取り組みを対外的に発信する仕事というイメージがあります。もちろん、外部のステークホルダーの態度変容・行動変容を促す情報発信も重要なのですが、団地再生にかかわる住民や、クライアントの職員が中心となり地道に取り組まれているこのプロジェクトを社会に正当に評価してもらうことで、携わる関係者が誇りをもって取り組み続けるための、インナーを意識したコミュニケーションをどのように形成していくかも意識していました」

　課題解決の中心にある当事者（今回のプロジェクトでいえば住民）同士、あるいはクライアントや事業者と当事者の間にあるインナーコミュニケーションの設計も、パブリックリレーションズにおける重要な要素である。賃貸住宅でDIYを可能にするにあたってのルール整備などの高いハードルはもちろんだが、同時に住民間の関係値や理解、主体的に参加しやすい環境もプロジェクトの成否に大きく影響する。住民との間で分断が生じ、団地再生プロジェクトが頓挫するリスクも内在しており、きめ細やかなコミュニケーションによる合意形成が求められる。

「大阪府住宅供給公社様のDIYの取り組みの特長として、新しい入居者だけではなくすでに入居している住民も利用可能な点が挙げられます。単にDIYを可能とするだけではなく、団地のなかにDIYのサポート拠点を開設するなど、住民と寄り添い、長く快適に住み続けてもらうためのサポートを行なう姿勢を貫いています。オズマピーアールも公社の賃貸住宅でできるDIYのルールを整理したガイドムービーの制作や、モデルケースとなる住民の方々への取材によるオウンドメディアの記事制作などに携わっています。

　このプロジェクトは『自分もDIYをやってみようかな』『できるかもしれない』という認識を拡げ、『かかわりしろ』という余白をつくって住民を自発的に巻き込んでいくことが非常に重要でした。長年にわたるインナーリレーションの結果、住民の方々のDIYの活用がじわじわと拡がり、DIYを活用した入居者の発信も相まって、DIY可という条件が新規入居の決め手になることが増えていき、若年層をはじめとした新規入居者の増加にもつながっていきました」

課題とストーリーを社会的な言語で翻訳する

　同時に、目の前にある切実な課題に取り組む試みの価値を当事者の外に広く伝えていくことも言わずもがな重要であり、それはプロジェクトで抽出した課題の捉え方やメディアを通じた発信などを通じて、広告会社のPR集団がその職能を発揮してきた領域でもある。

　「この茶山台団地再生プロジェクトが、地域や業界のなかの知る人ぞ知るプロジェクトとして終わってしまっては本当にもったいないですし、現実を打破しようとほかの社会課題解決の現場で奮闘している人々にも波及していきません。このプロジェクトの価値をPR発想、つまり社会視点で整理して可視化したり、独自性や意義、ストーリーを社会に伝え共感を生み出す視点で再定義・翻訳していくことも大切な仕事であると捉えています。『やまわけキッチン』や『茶山台としょかん』、『DIYのいえ』を含むDIYの取り組みが、買い物難民や孤食、住宅問題、少子高齢化によるコミュニティの希薄化といった社会課題の解決につながっていること。茶山台団地の課題は日本の課題であり、単に住民の生の声やニーズに応えたグッドソリューションにとどまらないことなのだと当事者にも、当事者以外にも捉えてもらい、社会につないで評価される流れをつくる。社会に新しい潮流が生まれていく。そんな未来を見据えた社会に問いを投げかけるようなコミュニケーションを設計していくことも、わたしたちの大きな役割だと考えています」

　茶山台団地再生プロジェクトは、さまざまなメディアでの露出やPRアワードグランプリ、ACC TOKYO CREATIVITY AWARDSといった第三者機関での評価によって、茶山台団地だけでなく大阪府住宅供給公社が運営するそのほかの団地にも取り組みが波及し、全体の稼働率・若年層入居者数の継続的な向上を実現した。

　そして、こうした事業性への貢献以上に、アウターコミュニケーションを通じた社会の評価・賛同はプロジェクトの推進力に変わり、インナーリレーションのよりよい循環に還元されていった。

　「一般的に確保が難しいとされる建築職等に優秀な人材を毎年継続して採用できるようになるなど、若く優秀な人材が集まるサイクルが生まれているそうです。社会の認知・評価によって、ひとつの事例が茶山台団地を飛び越えて大阪府住宅供給公社全体のブランディングにもつながり、組織の新しい風土につながっている。地域や住民のなかだけでなく、大阪府住宅供給公社という組織のなかにも正のスパイラルが生まれているんです」

「PR」とは、ある意味「経営」と同義かもしれない

　久保田は、不動産業界に携わってきた経歴ももつ。そんなこれまでのキャリアにおける経験を振り返りながら、団地再生という社会課題を自身のテーマに据えている理由を語る。

「不動産は、資本主義社会において金融に組み込まれた投資商品という側面もあり、それが行き過ぎると、共有できる場所やコミュニティ、つまり余白のない建物やまちが出来上がってしまいます。また、事業会社において水族館広報や地域活性化に取り組むなかで、地域コミュニティをつくるコミュニケーションの難しさや挫折も味わってきました。そのような経験や学びも生かしながら、わたしは中長期的な視点に立ちクライアントと生活者の間に立って、余白をつくり出すようなナラティブなコミュニケーションを生み出すPRパーソンを目指し続けたいと思っています。

　住宅はいつかは寿命を迎えるもので、それが集合住宅となればそれがなくなるときのインパクトはより大きくなります。例えば、団地で育った子どもにとっては実家がなくなるだけでなく、育ったコミュニティそのものがなくなってしまう。そのときに残り続けるのは、生活の余白のなかで積み重なった生活者それぞれのナラティブだと思うんです」

　久保田は、余白とナラティブをつくるために、部外者と当事者の間を行き来しながら設計するPRの職能が今後より重要になるとも考えている。

「PRは、博報堂グループのクリエイティブのプロジェクトのなかでは比較的地味なものに見えるかもしれませんし、今回のプロジェクトのかかわり方も、住民でもなければ、大阪府住宅供給公社様の職員でもない、中途半端な立ち位置に見えるかもしれません。しかし、それらと社会の間に立って、その取り組みをなぜ行ない、誰に、どう伝えるのかを定義して、事業への貢献も目指しながら当事者や世の中とコミュニケーションを図るPRの視点は、間違いなくクリエイティブの視点であり、また大局観が求められる経営の視点とも重なると考えています。地域の課題を解決するコミュニケーションは、人や歴史・文化、地域経済を含めたその土地の求める必要性に応える必要がありますから、ひとつのフレームを横に展開していくだけでは決して解決できません。個々のナラティブに合わせた解決のアプローチは、クライアントや広告会社の事業性という視点に立ったときに、もしかすると効率のいいやり方ではないかもしれません。しかし、こうした難題は、クリエイティブと経営の視点をもつPRの職能だからこそ乗り越えられると思うのです」

MULTI-PLICATION OF IDEAS AND LOCAL CONTACTS

CASE 07

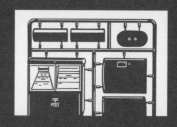

静岡市
プラモデル化
計画

地域創生のダイナミズムを生む
発想と地域人脈の掛け算

発想だけでは何も変わらない。地域創生には特有の
難しさがありつつも、同時に、いち民間企業だけでは
なしえないダイナミズムがある。クリエイティブに求
められる「発想と地域人脈の掛け算」は、どのように
実践されたのか。

ISSUE
社会課題
何を課題と捉えた？

地域の資産を活用しきれていない

INSIGHT
視点
解決の糸口となったポイントは？

ないものねだりではなく、あるもの探し

ACTION
実装
具体的に何をした？

街に眠る資産「プラモデル」を活用した
シンボルをつくる

KEY PLAYER

畑中翔太
Shota Hatanaka

博報堂に入社後、博報堂ケトルにてクリエイティブディレクター
として「人と社会を動かすこと」をテーマに多くの広告キャン
ペーンを制作。2021年deaを設立。現在は広告領域からド
ラマやバラエティ番組、コミックスの企画・プロデュース・脚本
までを手がける。これまでに国内外200以上のクリエイティブ
アワードを受賞。審査員歴も多数。まちおこしがライフワーク。

全国に製造出荷されるおよそ82%のプラモデルが静岡市で生産されていることをご存じだろうか。実際静岡市には、タミヤやハセガワ、アオシマといった模型メーカー、あるいは「ガンプラ」で知られるバンダイスピリッツの主力工場が存在する。

　静岡市、博報堂ケトル、静岡博報堂の3者が発足した「静岡市プラモデル化計画」は、そんな静岡市の特徴を生かした、シティスケープの醸成を目的としたプロジェクトである。

　郵便ポストや公衆電話など、街にあるさまざまなものを組み立て前のパーツ（ランナー）にかたどった「プラモニュメント」を、公共や民間企業のスペースに設置。2023年7月現在、7カ所のプラモニュメントが静岡市内に配置されている。

　このプロジェクトのきっかけとして、プロデュースを担当した畑中翔太は、自身が携わった、群馬県高崎市の絶やしてしまうには惜しい絶品グルメを紹介するサイト「絶メシ」を知った静岡博報堂から、シティプロモーションの相談があったと話す。

　「お茶や鰻、サッカー、富士山など静岡県からイメージできるものはたくさんありますが、静岡市特有のイメージがなかなかないことが、静岡市の課題感としてありました。中間都市の多くが抱える『整備はされているけれど特徴がない』『いま、どの街を歩いているのかわからない』という問題に、静岡市も直面していました。通り過ぎる街ではなく降りたくなる街にするためのひとつの取り組みとして、シティプロモーションの相談をいただいたんです」

　人がその場所に行くという選択をするには、強いひとつのモチベーションをつくらねばならない。すべてが総合的においしい店よりも、強い引力をもつ何かがひとつある店に人は足を運ぶものだ。この行動を起こすにあたっての臨界点を超えるポイントが静岡市には必要だと、畑中は考えた。

　「例えば、もつ鍋は『そのためだけに博多に行って食べてみたい』という心理と行動を生む、臨界点を超えたコンテンツだといえます。今回のプロジェクトに関しては、静岡市には臨界点を超えるような『シンボル』をひとつでも多くつくっていくことが必要で、そこで着目したのがプラモデルだったんです」

「ないものねだり」ではなく「あるもの探し」

「静岡市は以前から『模型の世界首都』を掲げているくらいプラモデルの生産が盛んな街だということを、ぼくはまったく知らなかったんです」

　そう畑中は振り返る。質の高いプラモデルが並ぶ日本最大級のホビーショーを開催しているものの、足を運んでみて、プラモデルが大好きな、やや玄人の方々が好むイベントになっている印象を受けた。同時に、生産したプラモデルは県外・国外へ出荷されていくため、遊ぶ文化としてのプラモデルを地元の人々が享受しづらいという側面もあった。静岡市の行政も、すでにホビーショーを開催しているため、できる限りの活用はしているという認識だった。畑中は、このプラモデルという静岡市に眠る資産を掘り起こすことで、シビックプライドや臨界点を超えるシンボルにできないかと考えた。

　シンボルを醸成する必要があり、そこにプラモデルが活用できるという視点は得た。そこから、畑中はモニュメントというかたちで空間へのアプローチを選択する。

「今回のプロジェクトの目的は『住みたい人を増やす』ではなく、『街に降りたくなる』ような、臨界点を超えるモチベーションをつくることでした。もし前者であれば、モニュメントで移住したいとはなかなか思いませんから、活用する資産もアプローチも異なるものを選んだと思います。後者の目的においては、街の資産をシティスケープに変換することが重要になると考えました」

　畑中は、その好例としてデンマークにある小さな街ビルンを挙げる。愛知県名古屋市にあるレゴ®のテーマパーク「レゴランド®・ジャパン・リゾート」開業時、クリエイティブに携わっていた畑中は、ビルンにあるレゴ®本社を訪れる機会があった。本社の隣にあるレゴランド®や周辺にある美術館、街のなかに溶け込んだレゴ®のモチーフは、街そのものがレゴ®であるかのように感じさせた。子ども向けおもちゃがもつワクワクを、誰もが親しむかたちで街のデザインに変換するビルンの発想は、静岡市にも生かすことができると考えた。

「プラモデルには、模型店に並んでいる箱を眺めているときや、箱を開けてランナーが出てきたときのワクワク感があります。もちろんつくっても楽しいけれど、つくらなくても楽しいんです。また、街はつくって終わりではなく常に『組み立て中』であるものですから、つくる前のランナーの状態を採用することにしました。さらに『これって実際につくれるかも?』とワクワクするようなデザインに変換していき、プラモニュメントが出来

上がっていったんです」

　畑中によれば、地域創生とは「ないものねだりではなく、あるもの探し」をすることなのだという。江戸時代に全国から木工職人が集まり定住したこと、戦後プラスティック素材への転換が進み、国内模型産業をけん引する生産地に発展した背景など、脈々と根付いた資産はすでにある。それをいかに街の風景に落とし込んでいくかが重要なのだ。

　「これまでなかったものを無理やりつくっても、そこにシビックプライドが加わってこないんです。そもそも、地方行政の多くは潤沢な予算などありません。ですから、地域創生という点においては、ぼくは新しいものをつくろうとは思っていないんです。あるものをかき集めて、選択と集中を行なって凝縮する。そのときに、決して幕の内弁当にしないこと。みんなに刺さるものをつくるのではなく、たったひとりの顔を思い浮かべて、その人にとって一生忘れない何かをつくろうとすることが大事になります」

アイデアに血を通わせる、発想と地域人脈の掛け算

　畑中は、こと地域創生という文脈においては、地域のステークホルダーといかに足並みを揃えて進んでいくかも重要だと続ける。「静岡市プラモデル化計画」をスタートするにあたっては、まず静岡市のプラモデル産業を支える企業や静岡模型教材協同組合をアドバイザーに加えていきながら、徐々にローカルの人脈を巻き込んでいった。

　「プロジェクトを始めるときには、必ずプラモデルのプロフェッショナルにご協力いただこうと決めていました。ぼくたちが考えたランナーのデザインは要素を整理したお絵かきのようなもので、さまざまなプロセスとロジックを経て至った実際のプラモデルのランナーのデザインとは根本的に異なります。『街のオブジェクトが本当にプラモデルになったとしたら?』をコンセプトにしていたので、プロのみなさんの協力は不可欠でした」

　加えて、地域のプレイヤーを巻き込むという視点は広告会社という立ち位置だからこそ必ず意識するべきものであると、畑中は考えている。いくら面白くてイノベイティブなアイデアがあるからといって、それだけで突き進んでも実現は叶わない。外部の人間が突然やって来て「街を変える」と声高に叫んでも、当事者(地域の住民や地元企業、自治体)の関心を引かないまま「知らないうちに世に出ていた」のでは、時間のかかる課題であればあるほど協力者が足りずに"拡がり"や"深まり"を欠いてしまう。

　「地域課題にアプローチするクリエイティブがいちばん腐心しなけれ

ばならないのは、アイデアやイメージ以上に、それを具現化するために最初から協力者を巻き込むこと。それによってアイデアに徐々に血が通っていくんです。そうすると、プロジェクトがそれぞれにとって自分ごと化されて、さらに内部の熱量が高まり協力者が増えていきます」

"よそ者"の自分たちが絶対に忘れてはならないことはありつつも、ここに広告会社でクリエイティブに携わる自分たちにしか発揮できない強みがある。アイデアだけで終わらないクリエイティブの実現力が問われるなかで、発想とさまざまな地域人脈とのあいだをわたり歩くダイナミズムこそが、広告会社が培ってきたものだからだ。

「人が集まる『Co-Idea』という装置をつくっていることはぼくたちの強みですが、極端に言えば、発想は誰でもできるんです。実現／実装がいちばん難しい。地域創生においては、発想に地域人脈を掛け算する必要がありますから、ローカル人脈とのつながりを丁寧につくり——ここに"よそ者"の強みがあるわけですが——いったんステップバックして俯瞰しながらクリエイティブを設計し、仲間とともに実行する。これは、営業とクリエイターの脳を混ぜ合わせたようなぼくたちだからこそ備えるクリエイティブの実装力だといえます」

内側から起こる変革

畑中は地域創生というテーマに向き合ってきたなかで、地域が新陳代謝を促すにあたっての過渡期にあるとも感じている。

「行政のトップや若いプレイヤー、ビジネスの目線や総合力をもった方など、新しい考えやマインドをもつ人は地域に増えていると感じます。一方で、既存の考えを大事にしている方ももちろんいる。いまはそれぞれが混在している過渡期のようにも思います。大事なのは、その中間を埋めることです。

民間企業は経済のロジックのなかで基本的にどんどん新しくなっていきますが、地域創生はそうはいきませんから、地道なコミュニケーションで硬くなった地盤を柔らかくほぐしていく必要があります」

同時に、成功事例をつくることも重要だ。畑中が携わり、「静岡市プラモデル化計画」が生まれるきっかけとなった「絶メシ」も、当初は「行政側である高崎市役所も難色を示す企画」だったという。一見すれば、"絶滅しそうなローカルメシ"を面白おかしく取り上げているようにも見えてしまうからだ。しかし同プロジェクトの反響とその後の拡がりは、地元の人々ですら気づいていない、あるいは享受していない地域の資源

とシビックプライドを浮かび上がらせ、やがてそこで働く人々のマインドも変えていった。

「行政のなかでも『産業振興課に行きたい』という職員が増えているそうで、それってすごくいい循環だと思うんです。ひとつの成功事例があるからこそ、『こういうこともやっていいんだ』『これくらいやらなきゃ』というマインドが全体に通っていくのだと思います」

外側からは見えないが、内側で起きている変革。畑中は、それこそが地域創生に最も必要なものであると指摘する。企画がよかろうが、クリエイティブの実現力があろうが、当事者の情熱がなければサステナブルなプロジェクトにはなりえない。ものごとを俯瞰で見渡せるという利点はありつつ、やはり「よそ者」という自分たちの立ち位置が変わることはないからだ。

「自分と同じ温度をもった担当者の存在がすべてだったと言っても過言ではありません。ぼくたちの考えやアイデアに共感してくれ、何かあれば内部で全力で戦ってくれた。そうした方がいなければ『静岡市プラモデル化計画』はここまで拡がらなかったでしょうし、それが地域創生の難しさだといえます」

　しかし同時に、畑中は面白さも充分に実感してきた。地域創生特有の「一気に局面が変わるダイナミズム」だ。

　「先ほど『過渡期にある』と言いましたが、それが変化につながる瞬間は一気にやってきます。例えば、決定権をもつポジションはあるタイミングで一挙に代替わりしたり、人々のマインドも何かを契機にがらっと変わります。広告クリエイティブだけでなく、地域で奮闘する方々はもどかしい思いをすることもあるかもしれませんが、あるタイミングで"自分たちのターン"になったとき、自分と違う分野の同世代のつながりを地域のなかで蓄積し続けて熱量を高め合っていれば一気に形勢が変わっていくんです」

　「静岡市プラモデル化計画」の実現には、実は静岡博報堂の営業担当者がアオシマの社長である青嶋大輔さんと中学の同級生であったことが非常に大きかったのだという。青嶋さんを通じて地元プラモデル業界の内情を把握することができ、タミヤ会長の田宮俊作さんをはじめとした地元プラモデル産業の協力が拡がっていった。畑中は続ける。

　「ローカルはこうした同世代の横のつながりによる化学反応が起きるんです。だからこそ、熱量のある同じ志をもった人との出会いを大切にすることが本当に重要です。さながらオセロのようなものかもしれません。色を一つひとつ揃えていくと一気に形勢が変わるけれども、揃えていないと何をやっても変えられない。それが地域創生の難しさであり、面白さでもあります。

　『絶メシ』も『静岡市プラモデル化計画』もさまざまなメディアを媒介にして拡がりをみせ、先ほど言った地域のマインドの変化を生みました。いまはSNSなどのダイレクトなコミュニケーションが発達して拡がる環境がありますから、それこそグローバル規模で大きな輪になる。そんな途轍もないところまで転がっていく可能性だってあるんです。これはさまざまなステークホルダーが手を取り合う地域創生／公共だからこそできることで、いち私企業だけではなかなかできません。

　『静岡市プラモデル化計画』を通して、プラモデルは『静岡ってプラモデルの街だよ』『来てみなよ』と地域の人々が発信できるような、臨界点を超えるための街の大事なパーツになることができました。しかし、プラモニュメントが話題になることは呼び水のようなものです。それに喜ばずに、もっとダイナミックな変化へと転換を起こすために『組み立て中』のマインドで続けていきたいです」

PROJECTING THE VOICES OF LEFT-BEHIND SEI-KATSU-SHA ONTO THE CITY

SHIBUYA
GOOD
PASS

生活者の声を拾い上げ、つなげ、
まちづくりに反映していく

どこも同じように出来上がっていくまちの空間。違和
感を覚えても、ただ出来上がっていくまちを日々消費
してしまっている。そんな現状を、じっと指をくわえて
眺めているしかないのか──。まちと生活者の隙間
を埋めていく、クリエイティブの"ミツバチ"としての
役割とは?

ISSUE
社会課題
何を課題と捉えた？

生活者はまちや公共の"消費者"でしかなく
まちをつくる"主体者"になりきれていない

INSIGHT
視点
解決の糸口となったポイントは？

社会実装のための4つのステップ

ACTION
実装
具体的に何をした？

生活者の声を中心とした仕組み
「good passモデル」を開発

KEY PLAYER

大家雅広
Masahiro Oie

博報堂入社以降、企業のブランディング、ビジョン開発、都市
開発・地方自治体支援などの業務に従事。現在は、博報堂
の新規事業部門ミライの事業室で、スマートシティ関連の
事業開発をリード。宣伝会議「ファシリテーション養成講座」、
法政大学「コミュニケーション・デザイン論」講師。著書に
『Innovation Design』〈日経BP〉など。

「まちづくり」と聞くと、自分の暮らしているまちであっても、みずからの意思とは無関係に勝手に進行していく、どこか他人事のように遠く響いてしまう側面がある。それはあながち大きな誤解というわけではなく、まちづくり、あるいは都市開発というものは、多くの場合地域住民を置き去りにして進んでいきがちだ。

　そうした状況にあらがうかのごとく、生活者の声をまちづくりに反映しようとする動きが、いま渋谷エリアを中心に拡がっている。その起点となっているのが、市民参加型のまちづくりサービス「good passモデル」だ。生活者発想による創造的なまちづくり「生活者ドリブン・スマートシティ」を実現するコアサービスとして開発された、同名のデジタルアプリなどを活用した実証実験プロジェクトである。2021年7月に運用が開始された「shibuya good pass」では、アプリに登録することで独自の都市サービスを利用することもできれば、生活者としてまちづくりに参加することもできる。生活者自身が主人公となって、自分たちの暮らすまちに働きかける──現在β版として提供中のサービスを通じて、そんな社会構想の実現を目指している。

「日本の再開発街区を歩いていると、どこにでもあるまち並みに来ている感覚になりませんか?」

　建築科出身で、博報堂の新規事業開発組織「ミライの事業室」ビジネスデザインディレクターの大家雅広は、そんな言葉とともに、このプロジェクトの背景にある課題感を語る。

「どこを訪れても同じようなビジネスモデルで成り立っているので、どうしても同じような風景になってしまう。本当にいま、生活者が求めている都市の姿はこれでよいのか、いつも疑問に思っています。日本において、まちや公共サービスは誰かから与えられるものという認識が強いと思います。まちづくりの主体である、行政や事業者からは切り離されてしまっていると感じることがあります。そこでは生活者は"消費者"でしかなく、"参加者""主体者"にはなっていないと思うんです。

　例えばまちの再開発となれば、どこも大きなビルを建てて、下の階層が商業施設、上の階層がオフィスや住居という構造になる。そして住居やオフィスのテナント賃料で収益を担保し、それを周辺のまちづくりにあてがう。景気が右肩上がりのときはそれでよかったんだと思います。しかし、いま日本は少子高齢化が進み、経済は決して豊かではないですし、コロナ禍以降は特に、再開発エリアにビルをつくってもテナントが入らず、空っぽのハコだけができてしまうという問題が起きている。つまり、これまでのやり方が機能しなくなりつつあるわけです」

これまでのビジネスモデルのみを前提とせず、人口減少社会にも対応できる、これからあるべきまちづくりのモデルとはどのようなものか。海外に目を向けると少しヒントがあったと大家は語る。約10年にわたって大家は、オーストリアのリンツを拠点とした世界的なクリエイティブ機関・Ars Electronica（アルス・エレクトロニカ）と共同で、アートを通じて必要な視点を投げかける「アートシンキング」を軸にしたコンサルティング事業を展開してきた。ヨーロッパを中心にさまざまな都市を回り、行く先々で市民主導のまちづくりに触れた。

　「ヨーロッパでのまちづくりの在り方にはとても刺激を受けました。ヨーロッパでは、生活者主導のまちづくりという価値観を感じるプロジェクトがとても多いと感じています。例えばバルセロナ市では、市民の声をまちづくりや政策に反映させるための『Decidim』のようなデジタルプラットフォームが開発されていたり、アムステルダム市では、行政が市民の声によって予算配分をアロケーションする自由予算をもっていたり、Prix Ars Electronicaの受賞作では、難民が新しい土地でも地域の

人と交流できるようにデジタル技術を活用するプロジェクトがあったり……といった具合に。テクノロジーと社会が生活者のために結ばれるべきという価値観で設計されています」

生活者たちが自分のまちに対してオーナーシップをもち、みずからの望むことがまちに組み込まれていく。そして、行政がその願いを吸い上げるための器として機能しているのだ。

"ミツバチ"が埋められる隙間

では、その違いはどこに起因しているのか。

「スマートシティ化のための"個別サービス事例"一つひとつの実現は、そこまで難しくはありません。例えば行政サービスのデジタル化やモビリティのオンデマンド化、遠隔医療の実現、リモート会議もそのひとつです。そう考えると、すでに日本でも都市サービス全体がスマート化されつつある。ただ、その一つひとつが独立したかたちで点在しており、『何のためにどのようなかたちでスマートシティ化するのか?』という視点で全体を俯瞰して舵取りできる人がいない。それが日本の課題です」

大家は、例としてシンガポールや中国を挙げる。トップダウン型の国家は行政の力も強く、投下できる予算も日本と比べて桁違いだ。強いリーダーシップをもった行政が潤沢な予算を投じて方針を示せば、それに倣うかたちで民間企業も足並みを揃えて動く。スマートシティ化を実現するためには、それを率いる組織自体がスマート化され、リーダーシップを発揮する必要がある。

「いまのやり方が『あるべき理想の都市像』ではないことをみんな漠然とわかっているし、これまでとは異なるオルタナティブな回答が必要だということもわかっている。それでも、近代に組み上がった構造のなかで

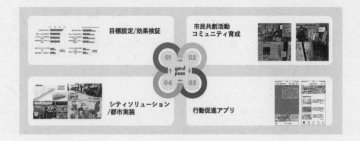

は、組織的な壁や人材の確保に苦しみながらゆっくりと動いていくしかない現状があると思います」

　スペインのバルセロナでは、人口当たりのデジタル課職員の数が東京都に比べて10倍以上も多いことを知り、大家は驚いたという。日本の行政予算は少なく、そもそも職員も少ない。それでもなんとか、できる範囲のことをやっているが、時代の変化に対応するには限界がある。これまでにも都市開発や地方自治体支援などに携わってきた大家は、そうした実態をつぶさに見てきた。さらには、解決しきれない社会課題へ対応するべく、多くのNPOなどがわずかな資金のなかで意義ある活動をしているが、それに対して大家は、「報われないけれど善意だけでやっている人が多いんです」と、悔しさをにじませる。

　適正なまちづくりを進めるためには、官民が連携したうえで、さまざまな職能をもつ人材や事業者の連携が必要不可欠だ。極めて繊細さを求められる事業に、予算もなければ人材もいないなかでどんなもの好きが挑むというのだろうか。しかし、博報堂のもつ企業や行政とのネットワークをうまく活用し、つなぎ直せば、新しい社会の仕組みづくりに何かしらの貢献ができるのではないか？　大家の出発点はそこにあった。博報堂は都市開発やまちづくりにおいては、決まったビジネスモデルをもっていない。むしろそのことこそが最大の特徴とも言えるのではないだろうか。

　「ぼくは広告会社に所属しながらも、まちづくりにかかわってみたいとずっと思っていました。大手デベロッパーのコンサルティングや地方自治体の支援にも携わってきましたし、民間の大手IT企業をクライアントに、コンサルティングを担当してきました。どんな業種の企業が相手でも、自分たちならば提供できるまちづくりに関するアイデアや視点がありました。なぜなら、それぞれの企業がそれぞれの業界の内部の論理で動いていることが多いからです。広告会社にいると、さまざまな業界と常に会話し、事業の相談に乗っているので、むしろまったく異なる業界から業界を行き来することで、その際にある価値を創造するミツバチみたいな役割を果たしていると思うんです。その技能が養われると、自然と、自分が埋められそうな業界の"隙間"が見えてくるようになりました」

　その技能はもちろん、大家が人一倍関心を寄せていたまちづくり領域にも活用することができた。あとは、その目で見通した"隙間"を埋めることでサービスを生み出そうと考えた。

　まずは、生活者の声を中心とした仕組みをつくる。その仕組みを使って「あるべき理想の都市像」を形成し、大きなビジョンを掲げ、さまざ

な職能をもつ人材や事業者、デベロッパー、行政との間を取りもちながら無数の課題に対してアプローチをしていく。そうしたプロセスを通じて、綻びつつある日本に必要な新しいエコシステムを模索する。言葉にすると途方もなく険しく思えるその道のりを突き進むために大家がまず始めた取り組みが、「good passモデル」だった。

社会実装への4つのステップ

「good passモデル」の社会実装サイクルは、4つのステップで構想されている。まずは生活者の動向をリサーチする。次にコミュニティの形成。さらには生活者に議論や投票といった実際の行動を促し、最終的に、可視化されたニーズに基づいたシティソリューションを実行し、その評価をする。このサイクルを、一つひとつの課題に対して小さなスケールで回していくのが「good passモデル」の仕組みだ。

「やっていることは、博報堂がブランドマネジメントにおいて日常的に取り組んでいることと基本的には同じなんです。膨大なデータをもとにマーケティングを行なって新しい戦略を立てる。ソリューションを実行して効果測定をする。そのサイクルを生み出せる職能を、ぼくたちは広告領域において日常的に培ってきました」

事実「good passモデル」は、博報堂によって20年以上運用されている地域生活者データベース「エリアHABIT」が礎となっている。この大規模な調査データベースには長期にわたる行動調査・アンケート調査が集約されており、博報堂の企業理念でもある"生活者発想"を支える基盤となっている。

「40年以上も生活者の研究を続けるシンクタンク『生活総研』の存在を含め、生活者の動向調査は博報堂の得意領域です。『エリアHABIT』には、毎年1万4,000人を調査することで得た都市ごとの生活ニーズの全体像が備わっています。

プロジェクトの始動にあたっては、博報堂の抱えるこうした膨大なデータから消費者動向のマーケティングを行ないながら、利用者がまちづくりに参加できる『good pass』のアプリを通して生活者の声をかたちにしています」

生活者はまず「good pass」アプリに登録することで、オリジナルサービスを利用できる。これまで渋谷の店やイベントなどで使えるチケットを利用できる「good ticket」や、モビリティサービスなどが提供された。

もちろん、ただサービスを享受するだけではない。例えばそこでは、市民参加型の活動として、バルセロナ市で開発されたデジタルプラットフォーム「Decidim」を活用したオンラインディスカッションの場「shibuya good talk」が提供されている。

　2021年7月にスタートしたテスト運用以降、「shibuya good pass」発で実装された地域コミュニティとの共創プロジェクトは、すでに複数ある。

　「例えば、笹塚・初台・幡ヶ谷エリアにある玉川上水緑道で、渋谷区主導による再整備事業が進行しています。まずは生活者の方々から『わたしはこの緑道を使ってこんなことがやりたい』というアイデアを『shibuya good pass』で募り、後日、再整備事業に向けたイベントのなかでワークショップを開いてもらったり、体験コーナーを開設して投票を行なってもらったりと、"みんなの声"の可視化が行なわれました」

　生活者がプロジェクトを起案して、投票を募り、その結果も加味したかたちで、プロジェクトが実行される。「shibuya good pass」はアプリを起点に、生活者の声をかたちにするプラットフォームとして機能している。

　参考にされたのは、バルセロナやアムステルダムで導入されている「自由予算」という仕組みだ。年間何十億円という予算が、市民のやりたいことに充てられる。内容はアート活動やお祭り、緑化計画など、さまざまな活動が含まれる。アーティストとしてインスタレーションの制作活動を行なっていたことがあるという大家らしい発想だといえる。

重要なのは「コレクティブインパクト」

　奇しくもコロナ禍は、「どのまちでどのように暮らしたいのか」という問いを世界中に投げかけることとなった。「shibuya good pass」も、まさにそうした生活者とまちとの関係性を見直すプロジェクトとして始動した。では、そもそも「shibuya good pass」はなぜ渋谷エリアを軸に展開されているのか。

　「渋谷区は『ちがいを ちからに 変える街』というスローガンを打ち出していますし、集まる人種も多様です。ジェンダーにおける違いもあれば、国籍や宗教の違いもある。生活者だけではなく通勤・通学や遊びにきている人など、そこにいる理由や目的もさまざまです。人口流動性が高いためどんどん人が出ていくし、逆に入れ代わり立ち代わり新規参入者も現れる。長年住み暮らす人と新参者との溝もやはり存在していて、『ここが自分たちのまちだ』という実感をもちづらいという側面もあると思っています。

　それでも渋谷区は、そうした多様なステークホルダーがかかわり合うことを通して、みんなでいいまちをつくっていこうとしている。そんなまちづくりの方針に共感し、ぼくらにできることも大きいと思いました。多様な属性の人たちのニーズをミックスしてかたちにできる場をつくる意義も、渋谷なら大きいと考えています」

　大家はすでに手応えをつかんでいる。渋谷はきっかけに過ぎず、「good pass」の仕組みは全国に適用できる。すでに渋谷から飛び出して、長野県松本市をホームタウンとするJリーグチーム・松本山雅FCとともに、サポーター発案の環境活動アイデアを基に脱炭素化に向けたゼロカーボンゲームを実施するといったユニークな試みも行なわれた。

　「ぼくのなかにもまだ明確な答えがあるわけではないですが、小さなサイクルで課題に対するソリューションを提供するエコサイクルをつくる道筋ができてきました。『shibuya good pass』で実現させたプロジェクトでは、その都度ソーシャルインパクトを出すことを意識しています。ここからは、そのサイクルをさらに大きく発展させる時期だと思っています」

　誰かに言わせるのではなく、生活者自身が発想し、みずから「いい」と思って賛同して採択されたものを通して、まちが豊かになり未来へとつながっていく。大家は、それが「生活者の新しい価値観」になると考えている。

「コレクティブインパクトという言葉があります。社会課題に対して取り組む者同士が協力して解決していくというこの動きは、これからの時代最も必要なことです。ひとりだけ、一社だけでできることは限られていますが、ステークホルダーを超えてつなぎ直すコミュニケーション、それによって新しいビジネスの流れをつくる力を博報堂はもっています。せっかく博報堂で仕事をするのなら、自分が死ぬまでに世の中の仕組みがちょっと変わったと思えることをしたいんです」

　この世界は、効率だけでは回っていない。利便性だけがいつも正解ではない。誰かの小さな声が巡り巡ってまちを、社会を変容させる。その経路を生活者たちが実感することは、実際に実現されたソリューション以上に大きな意味をもつだろう。そのエコシステムの構築は日本において急務である。生活者を、消費者ではなく、まちを共創して一緒につくっていく主体者として捉える。まちづくりを通して、生活者自身の手に「自分の暮らすまちをつくる」という実感を取り戻す。「good passモデル」はそのための器なのだ。

INTERVIEW

ティム・ブラウン　Tim Brown

IDEO 共同会長／kyu Collective 副会長

大切なのは「自分は未来に影響を与えられる」と信じること

経済と社会を前進させるクリエイティビティの源となる。そんなパーパスを掲げ、終わりのないイノベーションの旅を続けているkyu[※]。博報堂DYホールディングスの戦略事業組織であるkyuのVice Chair（副会長）でありIDEOのCo-Chair（共同会長）でもあるティム・ブラウンは、「デザインとは、人間の状況の改善を追求するすべての営み」だと語る。その真意とは？

※「kyu」は、博報堂DYホールディングスの戦略事業組織で、世界的なデザインイノベーションファームであるIDEOをはじめとして、クリエイティブ＆マーケティングエージェンシーのSid Lee、経営変革コンサルを手がけるSYPartners、デジタルマーケティング専門のKepler Group、行動経済学を軸としたコンサルティングを提供するBEworksなど、いずれも最先端でユニークな専門性を有する21社をネットワークにもつ、クリエイティブサービス企業集団です。

―― IDEOがkyuへの参加を発表したのは2016年のことでした。その後7年が経ちましたが、これまでのkyuのコレクティブアプローチの歩みを振り返ってみていかがですか?

正直なところ、歩みはとてもゆっくりでした。異なる組織が集まって協業するというのは非常に難しく、込み入ったプロセスだからです。しかし、世界がますます複雑な課題に直面するなかで、クリエイティビティやイノベーションもかけ合わせた多面的なアプローチが求められているということを、わたしはいまも2016年当時と同じくらい強く信じています。

気候変動はそうした課題の最たる例と言えるでしょう。新しいエネルギーシステムや製造システムといった複雑なソリューションを必要とするだけでなく、企業や生活者の行動様式を工業時代から気候変動時代のものへと大きく変えなくてはならないからです。そしてそのソリューションは、さまざまなステークホルダーとの共創によるコレクティブな取り組みから生まれるものだとわたしは信じています。

実は気候変動は、kyuの取り組みのなかでも最も進展が見られた領域でもあるんです。例えば、IDEOはサーキュラーエコノミーを推進するエレン・マッカーサー財団とkyuのメンバーであるSid Leeと共同で、デザイナーや意思決定者にサーキュラーエコノミーの重要性を伝えるキャンペーンを行ないました。また、2023年にドバイで開催される国連気候変動会議(COP28)に向けても、kyuのメンバーの何社かが協働しています。道のりは長いですが、勢いは増しているように感じますね。

―― 国も業界も違う複数の企業が共創するうえでカギとなるものは何でしょうか?

信頼関係の構築は大切です。どのような種類のコラボレーションも、信頼の上に成り立つものだからです。そしてkyuのようなコレクティブの存在は、そうした信頼関係構築のプロセスを速めてくれます。

―― 信頼を築くためにkyuとしてどのようなアプローチをとっていますか?

大きなものとして3つ挙げられます。ひとつ目は知識と情報の透明性です。kyuでは、メンバーが互いのことを知り、どのようなスキルや経験をもっているかを理解するために「kyu OS」というメンバーの特技やスキルを紹介するプラットフォームを構築しました。互いの専門領域がわかっていれば、どこから会話を始めればいいかもわかりますよね。これが信頼関係を構築するための土台となります。

ふたつ目は、単に一緒に働いてみるということです。スポーツチームも、本番でよいプレイができるように何度も一緒にトレーニングをしますよね。これは時間のかかるプロセスですが、信頼関係を築くうえでは欠かせません。

3つ目はパーパス(目的、意義)の共有です。互いに同意が得られている目標を目指していれば、他者の行動を信頼しやすくなります。そして、社会を改善するようなプロジェクトは、ほかのプロジェクトに比べて合意を得るのがはるかに簡単なのです。

―― そこで共有するパーパスというのは、どの程度の抽象度や規模の

ものを指しているのでしょうか？

例えば、kyuでは「To be a source of creativity which propels economy and society forward（経済と社会を前進させるクリエイティビティの源となる）」をパーパスとして掲げています。わたしたち全員が気候変動に取り組んでいることをふまえると、これもある程度共有されたパーパスと言えるでしょう。その一方で、プロジェクトレベルではそれぞれもっと具体的なパーパスが設定されてきます。一言でパーパスと言っても、さまざまなレイヤーがあるのです。

そして、パーパスは大き過ぎても小さ過ぎてもいけません。ちょうどいい塩梅を見つけ、誰もがその意味を理解できるような適切な方法で目的を表現することに美しさがあるのです。組織や集団の目的を定義するというのは、クリエイティブな作業なのです。

────具体的なレイヤーになるにつれ、ステークホルダー同士の考え方の相違なども見えてくるのではないかと思うのですが、どう対処されていますか？

確かにステークホルダーが多ければ多いほど、足並みは揃いづらくなります。そこに対する簡単な対処法はありませんが、「誰に貢献したいのかを決めておく」というのは効果的です。ステークホルダーが多くても、必ずしもその全員に同じように貢献する何かをつくる必要はありませんよね。

IDEOが一緒に仕事をしているペルーの企業を例に挙げましょう。この企業のパーパスは「ペルーをラテンアメリカでいちばん子育てしやすい国にする」です。それ故、同社は家族がいる中産階級の人たちに貢献するという明確な軸をもっています。この企業はショッピングモールや小売店、銀行、教育の場などを展開していますが、コングロマリットのなかのすべての事業が「ペルーにおける子育て」というひとつの方向を向いているのです。誰に貢献するのかが明確だからこそ、それをさまざまな方向から探究できるのです。

特に気候変動のような長期的かつ巨大な問題は、将来の世代にも影響を与えるものです。だからこそ、自分たちは誰にどう貢献しようとしているのかを、ステークホルダーたちにうまく説明することが重要になります。

現状をよりよいものに変えるのはすべてデザイン

────IDEOは2011年に非営利組織である「IDEO.org」を設立しました。あえて営利団体とは別に非営利組織を設立した理由を教えてください。

資金調達が理由です。IDEOが世界の貧困層や脆弱なコミュニティに焦点を当てた事業を始めようとしたとき、少なくとも当時の米国では出資者を見つけるのがとても難しかったんです。社会課題に取り組むプロジェクトの多くは民間の財団などから出資を得ていますが、こうした組織は営利組織との仕事を敬遠していました。それ故、望むスピードでインパクトを生み出すことができなかったのです。そこでわたしたちは、営利団体とは別にIDEO.orgを設立しました。これは大正解だったといまでも思います。IDEO.orgは現在、3拠点で90人が活動しており、女性の健康や農業などに関する大規模な

プロジェクトを展開していますが、非営利団体でなければこうしたプロジェクトは行なえなかったでしょう。

一方で、世界は少しずつ変わってきており、いまではIDEOでもIDEO.orgでもソーシャルインパクトに関する仕事を多く手がけるようになりました。その境目はどんどんあいまいになっていて、プロジェクト単位でもIDEOとIDEO.orgが協業することも増えています。

―― IDEO.orgはアフリカやアジア、ラテンアメリカなどの国々でプロジェクトを行なっていますが、そもそもデザインで社会課題に挑むという考え方は各国でも広く定着しているものなのでしょうか？

残念ながら定着しているとは言えません。理由はふたつあります。まず、IDEO.orgが活動している国では、そもそもデザインを理解している人が少ないことです。そのためIDEO.orgの過去10年の活動のひとつは、現場で働くNGOやその他の組織の多くにデザインのスキルを広めることでした。

もうひとつは、一般的にデザインの定義が狭く捉えられていることです。「デザインは美しいメガネをつくる富裕層のためのもの」と思われているのです。しかし、よい避妊具を考えることも、女子が学校に通えるような教育システムを考えることも、すべてデザインですよね。人工知能のパイオニアであるハーバート・サイモンの言葉を借りれば、「現状をよりよいものに変えるのはすべてデザイン」と言えます。デザインとは、人間の状況の改善を追求するすべての営みなのです。その広い定義を、IDEOは広めようとしています。

―― デザインや企業活動による「改善」や「ソーシャルインパクト」は定義が難しいようにも感じます。その点について、どうお考えでしょうか？

非常に難しいことです。かつては経済的な指標を用いて、ある商品を多く販売し、多くの人を幸せにすればよいとされてきました。「人々が喜ぶ製品をたくさん売ったから、人間の状況が改善された」と。しかし、その製品が川に捨てられ、廃プラスティックとして海に流れ着いたのだとしたら、それはもはや人間の状況を改善したとは言えません。わたしたちの理解が変わり、問題が変わったことで、ただ売るだけではなく製品が海に流れ込まないような方法でリサイクルされるところまで徹底して、初めて人間の状況を改善したと言えるようになります。ソーシャルメディアも、かつてはあらゆる人々を"つなげる"ことができると称賛されていましたが、いまは単に"つなげる"だけでなく、メンタルヘルスを守りながら"つなげる"ことが求められるように、条件が加わっているのです。わたしたちの理解が進むにつれ、こうした変化は常に起こり続けます。それに対し、わたしたちはさらにクリエイティビティを発揮し、イノベーションを起こさなくてはなりません。終わりのない旅のようなものです。

その意味でも、1社で取り組むのではない、コレクティブなアプローチが求められます。なぜなら、そうした新たな問題に気づくことができるスキルをもった人がほかに必要だからです。一般の人々が海のプラスティックの問題に気づくには、まず科学者たちがプラスティックを研究し、問題を指摘しなくてはなりませんよね。コレクティブなアプローチは解決策を

一緒に考えるだけのものではありません。その前の解決すべき問題があることを認識するためのものでもあるのです。

地球の資源と活動のバランスをいかに取るか

───これまでIDEOやkyuとして多くの社会課題に挑んでこられましたが、民間企業が社会課題に取り組むことの意義はなんだと思われますか？

企業にとっての意義は変わってきていると思います。以前であれば、民間企業は善良な特定のコミュニティのメンバーでいるためにコミュニティに関係する社会課題に取り組んできました。日本や米国を含む多くの国で、企業は地域コミュニティの一員であり、そこに貢献すべきと見なされてきたからです。その目的自体はよいことですし、正しいことでもあります。ただ、企業がグローバル化するにつれ、世界にあるすべての拠点で地域のコミュニティに貢献することは難しくなってきているとも言えるでしょう。

また、近年興味深いのは、社会とビジネスの課題が共通するようになっているという点です。例えば、世界中にある経済的不平等は変動性や不安定性を生み出すので、ビジネスにとっても問題となります。

とはいえ、その社会課題解決はビジネスにとってのチャンスとなります。たびたびになりますが、気候変動を例に挙げましょう。IDEOでは「工業時代からデジタル時代、そして気候時代へ」と言っていますが、次の50年であらゆる経済活動が気候変動の制約を受け、わたしたちはいかに地球の資源と活動のバランス

を取るかに集中することになります。そのためには何兆ドルもの投資が必要になるわけですが、これはビジネスにとっても大きなチャンスになるのです。今後の成長のほとんどは、ここからもたらされると言ってもよいでしょう。

───社会課題はビジネスの課題と直結しているという考え方は、企業にとってすでに主流になっていると思われますか？

増えてはいますが、主流と言えるようになるまでの道のりは長そうです。気候変動への取り組みに投資するベンチャーキャピタルが増えていることからも、関心が高まっていることはうかがえます。ただ、まだまだ啓発は必要ですね。

───よい未来に向けた啓発、あるいは教育とはどのようなものなのでしょう？

いろいろありますが、ひとつは人々が未来に怯えるのではなく、未来について楽観的に考えられるようにすることです。わたしたちは気候変動の問題などについて考えるとき、未来は現在より悪いものになると考えがちです。確かに、わたしたちが変わらなければ危機的な状況が生まれるでしょう。しかし、クリエイティブでいるためには、わたしたちには未来をいまよりもよくするための選択肢があると考えることが重要です。未来をよくできると信じられなければ、そもそもイノベーションを起こそうとしませんからね。

例えばIDEOでは、気候変動の問題のいくつかが解決した姿を想像してみる、という取り組みをしています。「あらゆるものが電化された世界は

どうなっているか?」「廃棄物がない世界はどんな姿をしているか?」といったことを、社内、あるいはクライアントと一緒に想像してみるんです。方法はワークショップからシナリオづくり、プロトタイピング、動画制作までいろいろ考えられます。未来に命を吹き込む方法はいくらでもあるのですから。わたしたちは、現在や起こりそうな未来について考えるのではなく、自分たちが望む世界を想像することにもっと時間をかけなければなりません。

もちろん、手放しに楽観的にいろということではありません。最近の人工知能(AI)の議論でも、否定的な意見と肯定的な意見の両方があります。重要なのは、手遅れになる前にAIがどう未来にポジティブな貢献ができるかを想像することなんです。

───ときにポジティブに考えることが難しい状況もあります。楽観的に未来について考えるためのコツはありますか?

自分は未来に影響を与えられるのだということを、自分自身に証明してあげることが必要です。その際に、デザインは非常に強力なツールになります。デザインによって自分が想像したものに命を吹き込み、それを人々に伝えることができるからです。SF映画や本のようなストーリーテリングもそうですね。わたしの世代は「スタートレック」のようなテレビ番組に大きく影響を受けました。そこに登場する未来の製品を見て、欲しいと思い、多くの人が実際に開発に取り組みました。デザインであれストーリーテリングであれ、自分たちは未来に影響を与えられるということを知ることが、楽観的に未来について考えるためのカギだと思っています。

米国に本拠を置く世界的なデザイン・イノベーション企業IDEOの共同会長であり、kyu Collectiveの副会長。著書『Change By Design』は、世界中のビジネスリーダーにデザイン思考を紹介し、ベストセラーに。『Harvard Business Review』『Fast Company』『Rotman Management Magazine』などの雑誌に寄稿しているほか、「Serious Play」や「Designers--think big!」と銘打たれたTEDトークは数百万人の聴衆を魅了している。クリエイティブ・リーダーシップに加え、健康や教育、テクノロジー、モビリティ、国際開発といった分野でデザインを戦略的に活用することに注力している。

CHAPTER 3

つくる、を変える

CASE 09　大好物醤油

CASE 10　EARTH HACKS

CASE 11　東京〇〇入門BOX

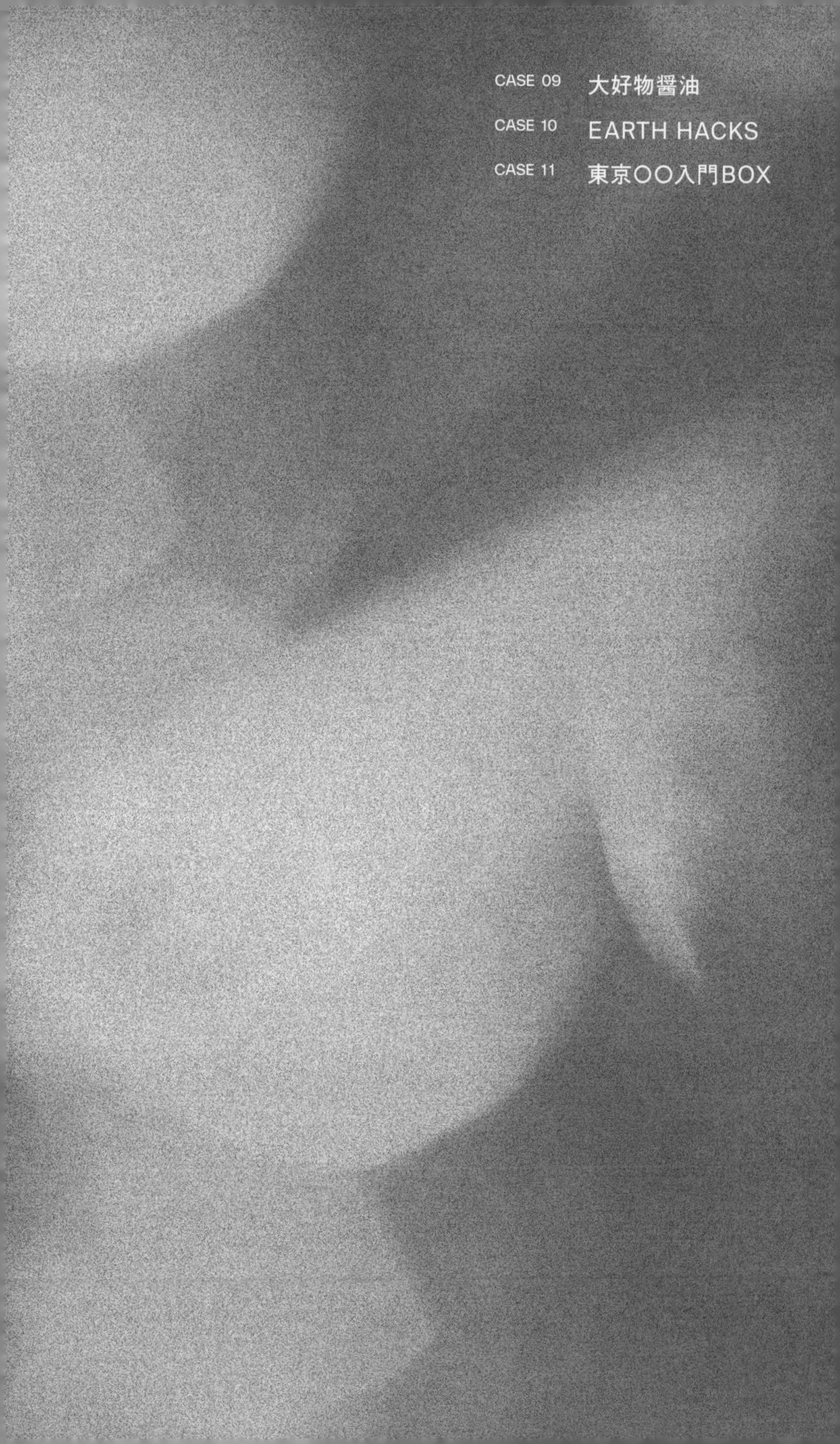

DESIGNING NEW ENCOUNTERS BETWEEN SOY SAUCE AND SEI-KATSU-SHA

CASE 09

大好物
醤油

醤油と生活者との
「新しい出会い」をデザインする

「醤油の使い分けを当たり前にする」というミッション
は、どのような課題のもと、いかにして実践されようと
しているのか。生活者だけでなく、生産者の意識をも
変え始めている「大好物醤油」のクリエイティブを訊く。

ISSUE

社会課題

何を課題と捉えた？

個性的な醤油をつくる中小メーカーが
人知れず消えていっている状況

INSIGHT

視点

解決の糸口となったポイントは？

ワインと料理の関係のように、醤油と料理にも
相性があることを発見したこと

「行動デザイン」や「生活者発想」の観点での
カスタマージャーニー設計

ACTION

実装

具体的に何をした？

自分の大好物で直感的に好みの醤油を
選ぶことができる新ブランドの開発

KEY PLAYERS

小泉和信
Masanobu Koizumi

博報堂コピーライター・ディレクター／UXデザイナー。コピーライティングと行動デザインを軸に、業界問わずさまざまな事業開発、ブランディング、統合プロモーションに携わる。受賞歴にカンヌライオンズシルバー、ACC賞ゴールド3回、JPMアワードベストCR、グッドデザイン賞、新聞広告賞、朝日広告賞など。好きな醤油は末廣醤油の「淡紫」。

天畠カルナ
Karuna Tenbata

博報堂アートディレクター。広告制作にとどまらず、商品・サービス開発などを通してユーザーや事業主の主体性を育てる。ポスターからAIサービス開発までリアルとデジタルを横断しながらアートディレクションを行ない、長く愛されるブランドをつくる。ACCゴールド、カンヌライオンズシルバー、ヤンググライオンズ国内デザイン部門ゴールド、グッドデザイン賞など受賞。

高橋万太郎
Mantaro Takahashi

職人醤油代表。1980年群馬県前橋市出身。立命館大学卒業後、キーエンスにて精密光学機器の営業に従事し2006年退職。伝統デザイン工房を設立し、それまでとは180度転換した伝統産業や地域産業に身を投じる。現在は蔵元仕込みの醤油を100mℓ入りの小瓶で販売する「職人醤油」を運営。これまでに全国の400以上の醤油蔵を訪問した。

海外での認知度が高まり、国内大手メーカーの輸出量が増加しているという醤油。一方、醤油関連の協会や企業が参画し、情報発信機関として活動する「しょうゆ情報センター」のデータによれば、1955年には約6,000社があったとされる国内醤油メーカー数は、すでに約1,000社にまで減少。出荷量や消費量も1973年の最盛期から落ち込み続けている。食の多様化が主な要因のひとつとして挙げられるが、飲食店向けの業務用、家庭向けともに醤油が使われにくくなっているという現状がある（つゆ・たれなどの醤油をベースとした加工品の購入量は増加傾向にある）。海外販路などの明るい兆しもありながら、そもそも日本人が離れていては、この伝統的な産業を持続させていくことは難しくなる一方だろう。

　その状況を一人ひとりの消費行動から変えていくために、行動デザインや生活者発想を取り入れて生まれたブランドが「大好物醤油」だ。このブランドの最大の特徴は商品に料理のイラストが入ったスリーブを付けていることにある。イラストには、赤身のお寿司、餃子、ステーキ、焼き魚、目玉焼きなどの料理が描かれ、それぞれに合う醤油が選定されている。生活者は銘柄やブランド名といった先入観にとらわれることなく、自分の大好物で直感的に好みの醤油を選ぶことができる。こうした醤油と生活者との「新しい出会い方」を仕掛けたのは、日本各地から集めた100以上の醤油を100㎖瓶で販売する醤油専門の小売ブランド「職人醤油」代表の高橋万太郎、博報堂でコピーライター／ディレクターを務める小泉和信、同社アートディレクターの天畠カルナだ。

　「大好物醤油は2020年にスタートした、醤油と生活者の新しい出会いを促す仕組みです。職人醤油は多種多様な醤油を100㎖という試しやすいサイズで販売しているところが魅力ですが、実際に購入を検討する生活者からすると、店舗スタッフの説明がないとどれを選んでいいのかわかりにくい。そこで、パッケージを見るだけで自分の大好物をよりおいしくできる醤油が選べる、というデザインの在り方を考えました」と小泉は説明する。

商品を売るだけでは終わらせない

　「大の醤油好き」を自認し、職人醤油のユーザーでもあった小泉は、高橋に醤油に対する愛や想いを共有し、20以上の企画案を提案するものの、結果はすべて不採用。しかしその熱意を買われ、小泉は高橋とともに日本各地の蔵元と醸造者を訪ねることになる。そのなかで次第に

見えてきたのは、醤油産業が抱えている流通にまつわる課題だ。かつてはつくり手と売り手の距離が近く、「今年の仕上がりはよかった」といったフィードバックを伝え、醸造者と流通小売業者がダイレクトに情報を共有しながら、毎年の造りに生かしてきた。百貨店の目利きバイヤーが地域ごとの隠れた良品を見つけ、東京などでヒットさせる"発掘"もよく行なわれた。

ところが、次第にスーパーマーケットをはじめ、小売流通業が大規模化。つくり手と売り手の距離が遠くなるだけでなく、売上データの効率的な管理体制も可能になり、いわば「どこでも似たような商品棚」が生まれていった。売り手側としても、流通エリアが所在地域に限定されがちな中小規模のメーカーに対して、大手メーカーと同じような品質の商品を安価につくることを求めるようになっていく。ここに、長年醤油産業に携わる高橋が常に危惧してきた「醤油の個性の消失」という問題の根がある。「本来的にはよりよいものをつくることを、つくり手としてはやらなければいけません。それに、そのほうが楽しいはずなんです。しかしそうしてつくったものを、売ってくれる人も広めてくれる人も業界にほぼいなくなってしまったところに課題があった。クラフトビール業界がかつて置かれていた状況とも似ているかもしれません」と高橋。

醤油産業の課題解決に最も必要なことのひとつは、「醤油から個性を消してしまわないこと」にあった。小泉は続ける。

「醤油をつくる職人の考えや商品としての個性を消してしまうと、何かしら企画が成功したとしても、ただ商品が売れただけで結局どこの醤油蔵のどんな銘柄かも知らないまま消費していくことになってしまう。ぼくたちのクリエイティブは、日本の醤油文化の個性を生活者にきちんと紡いでいくために発揮すべきだと考えました」

アイスクリーム

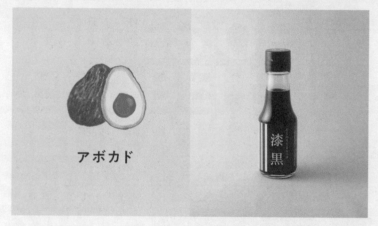

アボカド

卵焼き

「出会いのその先」までデザインする

　個性を抽出し、醤油との新たな出会いをつくる接点として採用したのが「大好物」という言葉とアイデアだった。例えば、「卵かけごはん専用醤油」は一見非常に裾野の狭い商品だが、日本人の大好物である卵かけごはんにフォーカスしたことで、嗜好品としての立ち位置を確立した。誰もがひとつはもっているはずの「大好物」と醤油を組み合わせ、バリエーションをもって買い手に提案することが有効なのではないかと考えた。

　では、それを実際の商品に落とし込んでいくにあたってはどのような思考があったのか。アートディレクターの天畠はこのように語る。

　「パッケージ表面から情報量を減らし、料理のイラストだけの極めてシンプルなデザインにしようと決めました。まずは醤油とは認識せず興味本位で手に取ってもらい、よく見ると醤油だとわかる。それだけでなく、パッケージを写真に撮ってSNSにアップしたくなる、それを見た人がキャッチアップしたくなるようなデザインにする。醤油との最初の出会いをつくるきっかけになる行動が生まれるようなデザインを実現できれば、ギフト向け商品としての需要も喚起でき、生活者間で広がっていくこ

醤油の種類
Types of Soy Sauce

短い（半年から一年）　　　　　熟成期間　　　　　長い（二年から三年）

醤油の主張を抑えて 素材を活かす　　　うま味　　　複雑な味わいと香り うま味を添える

白 Shiro　淡口 Usukuchi　濃口 Koikuchi　再仕込 Saishikomi　溜 Tamari

オリーブオイルと混ぜてサラダに　白身の刺身や冷奴に　焼き魚やシチューに　赤身の刺身やステーキに　赤身の刺身や照り焼きに

白ワイン　　　　　　　　　赤ワイン

165　　　　　CASE 09

とにつながるのではないかと考えました」

　店舗内における生活者の行動を具体的に想定していくと同時に、「出会いのその先」にある体験のデザインも求められた。当初は、「職人醤油」の既存商品のラベルデザインを一新することも考えたが、そこを変えてしまっては、銘柄やメーカー名などがわからなくなってしまう。小泉は次のように続ける。

　「そこで考案されたのが、既存商品を覆い隠すようなスリーブ型パッケージを取り付けて、新ブランドとして発売しよう、というアイデアでした。商品を購入するときは料理のイラストのパッケージを見て選びますが、購入後に家でスリーブを外すと本来のラベルを見ることができ、どの地域で、どんなメーカーがどんな醤油をつくっているかを知ることができます。お店で商品を手に取るきっかけづくりと同時に、その先のカスタマージャーニーまで設計する。それが醤油文化を広げることにつながっていくと思うんです。そうした体験をつくるためには、既存商品の個性豊かなラベルを変えずに、スリーブを用いるという選択肢がベストだと考えました」

つくり手に起きた変容

　さまざまな醤油の個性を際立たせていくにあたっては、当たり前にあり過ぎてその個性に気づきにくい「縁の下の力持ち」から脱却する必要もある。醤油の嗜好性をより高めていくために「大好物醤油」が掲げているのは、「醤油の使い分けを当たり前にする」というミッションである。料理に合わせて複数の醤油を楽しむという考え方は、飲食店においても一般家庭においても浸透しているとはいえない。しかし、例えば刺身ひとつにしても、赤身であれば濃口醤油、白身であれば薄口醤油など、醤油の使い分けはすでに存在する（九州では甘口さしみ醤油が好まれることも広く知られているだろう）。その選択肢を生活者に提示していくために、「大好物醤油」単体にとどまらないアプローチも行なっている。

　全国100社以上の醤油メーカーが参画する、「醤油の使い分け」を広めるプロジェクト「醤3（ショウスリー）」では、焼き肉店などではおなじみの三口のタレ皿を醤油向けにしたプロダクトを開発。また、基本的な醤油の使い方や種類、相性のいい料理などで構成した、商用利用も可能な「醤油ピクトグラム」も制作した。これは、料理を提供される側が自身の嗜好に合った醤油を探すためだけでなく、飲食店や醤油のつくり手側が料理に合う醤油を薦めるためのツールになることを目的としていると

天畠は語る。

「直接販売だけではなく、飲食店を通じたさまざまな醤油との出会いも重要です。最近では、卓上に複数の醤油を用意する回転寿司店も出てきました。わたし自身も、醤油の使い分けを知ったいま、醤油の選択肢がないと寂しく思うようになってきました。このように、生活者の嗜好と飲食店の変化を同時に起こしていきたいと考えています」

興味深いのは、これらの試みがつくり手の意識にも変容をもたらしている点だ。高橋は、自身の「職人醤油」や「大好物醤油」を通して得た実感について話す。

「醤油の業界には、同じ発酵食品である日本酒は嗜好品だから自己主張しても構わないが、醤油は縁の下の力持ちとして素材を生かさなければならない……と考える方々も多い。また、脈々と紡いできたストーリーやクラフトマンシップに当事者であるつくり手が気づいていないという課題もありました。そこに気づきやツールを与えることで、『いろいろな薦め方をしていいんだ』『もっと主張をしていこう』という意識がつくり手にも生まれていると感じます。事実、それがほかのメーカーさんの醤油であったとしても、料理に合ったものを説明してくれるメーカーさんが増えているんです。こうしたことが、各地の醤油メーカーのアイデンティティを育てていくことにつながるのだと思います」

粒ぞろいより、粒違い

伝統的な産業の衰退という大きな課題の解決には中長期的な視点と持続性が求められる。どれだけ新しいアイデアがあったとしても、携わる人々の愛が欠けていればそれらを担保することなどできない。高橋が「彼の熱意がなければ、話を聞きに行こうとも蔵元行脚に誘おうとも思わなかった」と振り返るように、小泉の想いが「大好物醤油」のすべてであるともいえる。小泉は、広告会社という環境にあっても、自分ごと化することの重要性を説く。

「社会課題は多種多様な属性の人間が知恵を集めて、領域を横断してアプローチしていく必要がありますが、そのときに何をもって彼らを束ねていくことができるか。それはやはり、偏りはあるかもしれないけど、のめり込んで情熱を注げる『大好きなもの』ではないかと。今後、博報堂の『粒ぞろいより、粒違い』という多様な『好き』をもつ人が集まっていることが強みになっていくと思います」

「大好物醤油」は、大企業による大量生産モデルという「消費の在り

方」ではなく、中小規模メーカーも含めた醤油の楽しみ方の再構築であり、小さな行動と大きな情熱がつくり手や買い手の意識を変えていく実験でもある。年々落ち込み続ける醤油業界と醤油の現状に対してクリエイティブな思考から生まれたこの小さな100㎖瓶は、日常の食卓に潤いを与えるだけでなく、醤油の未来に光を差す一手となるかもしれない。

VISUALIZE
THE IMPACT
OF
SMALL
ACTIONS

CASE 10

EARTH HACKS

小さな行動のインパクトを可視化し
社会の共通のプロトコルに育てる

生活者のアクションに結びつかない気候危機という
人類共通の社会課題。それを解決するために開発し
たのは、ただのサステナブルを押し出したメディアや
ECサイトにあらず。その裏に組み込まれているの
は、小さな消費行動のインパクトを可視化した例を
見ない仕組みだった。

ISSUE
社会課題
何を課題と捉えた？

脱炭素社会に向けた、生活者の
具体的なアクションが実践されていない

INSIGHT
視点
解決の糸口となったポイントは？

生活者のアクションを促すための
「ふたつのトリガー」

ACTION
実装
具体的に何をした？

脱炭素効果を数値化した
「デカボ スコア」の開発

KEY PLAYER

関根澄人
Sumihito Sekine

学生時代、細胞学を研究しながら、生物多様性や地球温暖化
など環境問題を伝える仕事をしたいと思い博報堂へ入社。営業
職を経て2020年よりミライの事業室に所属。20年から23年
まで三井物産に出向し、脱炭素をテーマとした新規事業開発
を担当。21年に博報堂と三井物産の共同事業として「Earth
hacks」を開始、23年にEarth hacks株式会社を設立。

脱炭素化の推進や再生可能エネルギーの開発など、気候危機への対策が世界規模でのイシューとなって久しいものの、こと日本においては、生活者レベルでの行動にさほど大きな変化は生まれていないように見える。実際、博報堂が2021年9月に実施した意識調査では「生活者の8割以上が気候危機を認知・興味はあるが、7割以上が実際に行動できていない」という結果が示された。その理由として添えられていたのが、「何をすれば貢献できるのかわからない」「脱炭素社会に関連する情報が少ない」といったコメントだった。

　果たして、本当に「情報不足」が原因なのだろうか。むしろ、データは世界中で日々積み重なっているのに、なぜこのような状況が生まれているのだろうか……。そんな問いを背景に、環境に配慮した行動の価値をわかりやすく伝え、生活者の主体的な脱炭素アクションの場や機会を生み出すことをミッションに掲げて立ち上がったのが、三井物産と博報堂、そして同社グループに属する博報堂ケトルとSIGNINGが4社共同で運営する、脱炭素社会を推進する共創プラットフォーム「Earth hacks」だ。Earth hacksで、紹介・販売されるプロダクトのラインナップは、つくり手やサステナビリティにまつわるストーリーとともに編集され、それを購入することでどれくらいCO_2削減に貢献したかが数値でわかる、という設計がなされていることが特徴だ。

　当時、再生可能エネルギー関連事業や次世代燃料事業、脱炭素に向けた事業投資や新規事業化を手がける三井物産のエネルギーソリューション本部に出向しながら、Earth hacksのプロジェクトマネージャーを務めていた博報堂「ミライの事業室」ビジネスデザインディレクター・関根澄人（現在Earth hacks株式会社　代表取締役社長）は、立ち上げ時の課題感を次のように語る。

「ヨーロッパを中心とした人々と気候危機や脱炭素にまつわる話をしていると、海外と日本では生活者の意識に大きな差があると感じますし、欧米で急速に増加している生活者向けの脱炭素サービスも日本にはほぼ未参入、かつ国内でも生まれていない。そんな現状を変えるための事業が必要だと考えたのです」

脱炭素アクションに必要なふたつのトリガー

　2050年にネットゼロ（※温室効果ガスまたは二酸化炭素の排出量を実質ゼロにすること）を実現するために発足した、45カ国450以上の金融機関からなる有志連合「グラスゴー金融同盟」が2021年に開

催されたCOP26(国連気候変動枠組条約第26回締約国会議)において、拠出可能な資金が130兆ドル(約1京4,800兆円)に達したことを公表した。2019年には5兆ドル(約570兆円)だったことを考えると、ESG投資の規模が加速度的に大きくなっていることがわかる。しかし関根は、「企業や金融などのビジネスセクターの働きかけだけでは充分ではない」と強調する。

「温室効果ガスの主要素であるCO_2の排出量を消費ベースでみると、家庭内消費が61%を占めています。つまり、生活者のアクションが変わらないと、カーボンニュートラルの達成は難しいというのが世界的な認識です。ただし、個人の意識や行動というものは、公共セクターがインフラを整備すれば変化していくものでもありません。そこが難しいところなんです」

北九州市小倉北区で実施された施策「城野ゼロ・カーボン先進街区形成事業」では、すべての住宅や施設に太陽光パネルやEV用充電器を完備し、インフラ整備を行なった。しかし、街を挙げてのPR活動を行なうも、結果は住民のほぼ半数が「住宅に設置された消費電力量モニターをほとんど、またはまったく見たことがない」というもので、生活者の意識や行動を変えるには至らなかったのだという。生活者の意識や行動に変容を促すトリガーとして、関根はふたつの要素を挙げる。

「ひとつは『欲望×ストーリー』です。行動することで楽しい、嬉しい、おいしいといった欲望を充足しながら取り組めること。また、その対象に納得感や応援したいと思えるストーリーが含まれていること。これらの掛け算が非常に重要です。よくあるケースは、環境によくてもデザインがかわいくない、あまりおいしくない、といったもの。たとえストーリーが詰まっていても、シンプルに『それが欲しい』という欲望が伴っていなければ行動にはつながりません」

もうひとつ関根が挙げたのが「貢献実感」だ。今日では、気候変動の影響を示す膨大な数のデータや研究が出揃っているが、自分の行動が実際にどれだけポジティブな影響を与えたのかはわからない。個人の消費行動によるインパクトを定量的に表す生活者向けのサービスは、

海外では広がり始めているが日本にはほとんどないのだという。「個人の消費行動によるインパクトの定量化」──それこそが、挑戦しがいのあるテーマであることに、関根はたどり着く。

「いま、消費を促す最も有効なキーワードのひとつが『サステナビリティ』です。サステナビリティをタグラインにしている新商品はどんどん増えています。しかし、そこに大きな矛盾点もあることに生活者は気づき始めています。一方で、曖昧なサステナビリティへの疑念が生活者のなかで強くなっていることにブランド側は気づいていない。Earth hacksでヒアリングした

ところ、環境への影響を大きなデータを用いて悲観的に強調されて『さぁ、地球によい消費行動を！』と言われるよりも、自身の普段の消費行動の結果として『実は、地球にも貢献していることがわかるほうが望ましい』と答えた人が圧倒的に多かったんです。欲望を促す商品としてのよさを前提にしながらも、購入後の体験のなかに具体的で定量的なインパクトの要素を埋め込んでいくことで、消費行動そのものが、サステナビリティに貢献したいという欲望へと転換されていくのではないかと考えました」

サステナビリティを「ラグジュアリー」にしないために

　Earth hacksで紹介・販売されている商品ラインナップを見渡してわかるのは、サステナビリティではなくプロダクトのデザインを押し出していることだ。同時に、個別の商品に対しては、各商品の背景にある気候危機への取り組みやプロセスが綴られており、欲望とストーリーをセットにした設計となっていることがわかる。

　「こだわっているのは、知識としての脱炭素情報ではなく、新しい選択肢としてライフスタイルのなかに提案すること。あくまで商品の素晴らしさが前提に来て、そのうえで環境にいかに貢献できるかがわかる見せ方にしています」

　そんなEarth hacksの最大の特徴が「デカボ スコア」だ。脱炭素化を意味する「Decarbonization（デカーボナイゼーション）」の略として「デカボ」を用いたこの指標は、各商品のCO2e——CO2eとは、温室効果ガスが地球温暖化に与える影響を表す尺度——の"削減率"を示しており、「貢献実感」の要素をクリアするために考案された。

　「商品には、『デカボ スコア20％』といったかたちでCO2e削減率を提示しています。従来の環境配慮型の商品は『このTシャツのCO2eは3.0kgです』といったアピールのされ方がほとんどでしたが、生活者からすれば、その多寡が判断しづらい。そこで『どれくらいの割合がカットされたのか』というなじみのある指標で提示することにしました。削減率は、アパレルや通販のセールでも表示されるように、人間がアクションするときの選択基準として非常に有効なんです」

　排出量ではなく削減率を明示することにはほかの効果もある。日本は、2030年までに温室効果ガス排出量を「2013年比で46％削減する」ことを目標に掲げているが、生活者も「何％削減されているのか」という同様の指標を用いることで、「その消費行動がどれだけ温室効果ガスの削減に貢献したのか」を直感的に理解しやすくなるという点だ。それ

は同時に、商品の環境価値をわかりやすく明文化・可視化したい企業や自治体にとってもメリットとなる。

「Earth hacksが開催したマルシェでは、ペットボトル飲料のラベルの有無でデカボ スコアを算出し、ラベルなし&デカボ スコア付きのボトルを10円高く販売するという検証を2日間で40名ほどの方へ実施しました。その結果、約70%が10円高くてもデカボ スコアが付いたラベルなしの飲料を購入したんです。さらに3日目には、デカボ スコアなし、かつラベル有無でペットボトル飲料を売ったところ、10円でも安いほうが多く買われただけでなく、『ラベルがなくなっているのに10円高いのはぼったくりだ!』というクレームが殺到する事態となりました。これは、『デカボ スコア』により環境への貢献度を具体的に見える化することで、生活者が共感して納得感を得たうえで『環境によい商品』を選ぶことを表したケースだと思います」

スコア化においては、三井物産の協業パートナーであるスウェーデンのDoconomy社をはじめ、ISO規格に準拠しているCO2e算出ツールを用いた。算出されたデカボ スコアは、認証マークのように、商品パッケージや店頭ポップに用いることもできる。定量評価の規格をつくるだけでなく、それを標準化していくスコア事業も、Earth hacksプロジェクトが重視する領域だ。

「それによって、企業が個々に設定した基準でバラバラに動くことを防ぐことができます。同時に、生活者は身の回りのさまざまな事柄にも統一された基準をもって選択できるようになる。指標が社会のなかで共通のプロトコルとして育っていくことも重要なんです」

環境に配慮した製品は、現在一般的に流通している製品よりも高価格になる場合が多い。それはつまり、サステナビリティが経済的に余裕のある一部の層だけがアクセスできる「ラグジュアリー」にとどまってしまうリスクにつながりかねない。その点、身近な消費行動のインパクトを定量的に捉えることを仕組み化したEarth hacksのアイデアは、そうした懸念を乗り越え、気候危機への取り組みでは後進国となっている日本からのよき返答になる可能性を宿している。

「あくまで、カーボンニュートラルはゴールではなく手段です。カーボンニュートラルを達成しても、生活者が不幸になってしまっていたら、それは望ましい未来ではありません。社会課題に向き合うほど、地球と人間、双方の豊かさを生む接着点を探るために、広告やPRの領域を飛び越えたクリエイティブが大きな役割を果たすことができると感じます。それをわたしたちが暮らす国のために発揮し続けていけば、おのずと世界全体の豊かさにもつながっていくと信じています」

CASE 10

REBUILDING
RELATION-
SHIPS

CASE 11

東京〇〇
入門BOX

地域に根差した飲食店と
鉄道会社の関係性を再構築する

パンデミックによる傷がいまだ癒えない飲食店と、同じく苦境に立つ鉄道事業者が迫られる新規事業開拓。ふたつの課題を重ね合わせたどり着いた「広告フレームの事業化」において鍵となったのは、生活者発想のストーリーテリングだった。

ISSUE
社会課題
何を課題と捉えた？

パンデミックによる地域の飲食・小売店の苦境

地域のインフラを支える鉄道事業者への打撃、
求められる新規事業創造

INSIGHT
視点
解決の糸口となったポイントは？

7年間にわたる広告コミュニケーションのEC事業化

ACTION
実装
具体的に何をした？

東京メトロ沿線地域の店の商品と体験をセットにした
「東京〇〇入門BOX」の販売

KEY PLAYER

萩原陽介
Yosuke Hagiwara

博報堂入社後、食品会社、通信会社等の担当営業職を経
て、現在はサービス・事業開発を主担務とする組織において
プロデューサー業務に従事。国内外のタレント・アーティスト・
アニメなど世の中を大きく動かすさまざまなコンテンツホルダー
との協業も実現したことのない協業案件を数多く最前線でプロ
デュースしてきた経験が強み。

パンデミックによる人流の激減、営業自粛要請によって大きな打撃を受けた事業形態のひとつが飲食店であることは言うまでもないだろう。緊急事態宣言が発令されてから現在に至るまで数多くの飲食店が姿を消し、地域のなじみの店に足を運ぶことがかなわなくなった、という経験をした方も少なくないはずだ。そんな飲食店の苦境を乗り越える一助となるサービスを生み出したい。そんな思いからスタートしたのが、東京メトロと博報堂が手がけるECサイト「Find my Tokyo.BOX!」だ。

飲食店とインフラ企業の苦境にアプローチする

博報堂のマーケットデザインコンサルタント・萩原陽介は、プロジェクトが走り始めた経緯をこのように振り返る。

「パンデミックによって、あらゆる小売業者にとってECの構築が急務となりましたが、地域の小さな飲食店や小売店は、そもそもECを構築する技術も予算もありません。そこで多くは大手のデリバリーサービスやECプラットフォームを活用するわけですが、送料や手数料など、小さい事業形態になればなるほど負担が大きくなるという側面がありました。小さな事業形態でも利用しやすいECサービスが必要だと思ったんです」

同時に、このサービスを立ち上げた東京メトロ自体もパンデミックで打撃を受けた事業者であった。あまりフォーカスされることはないが、リモートワークに象徴される働き方の急速な変化や外出制限による移動需要の減少によって、鉄道事業者の収益は大幅に落ち込んだからだ。

鉄道事業者は、鉄道インフラ事業以外にまちづくりや不動産、商業、ホテルなどさまざまな事業の軸をもっているが、東京メトロはほかの鉄道事業者と比べて事業ポートフォリオが分散されていなかった。大きな柱のひとつである広告事業も、駅・鉄道の人流の減少に比例して打撃を受けており、新たな事業創造が大きな課題として顕在化することになったのだ。

「東京メトロは、『東京を走らせる力』という企業理念をもっています。1927年に上野〜浅草間で東洋初の地下鉄（現・銀座線）が誕生して以降、東京に暮らす人々の生活を支え、同時に東京メトロも東京の発展とともに成長してきました。だからこそ、駅や鉄道というチャネルを生かして、沿線地域と密接にコミュニケーションをとり続けていました。沿線地域の魅力を紹介することで現地で新しい発見や体験をしてもらい、地域を元気にするというコンセプトで行なった広告キャンペーン『Find my Tokyo.』も、そうしたコミュニケーションの一環です。しかし、『現地へ行く』という選択肢が断たれたことで、それも成立しなくなってしまいました」

　東京メトロの沿線地域である葛西で生まれ、「メトロがないと生きていけない街」で育ったという萩原は、地元を支えてきた飲食店や鉄道事業者が困難な状況を迎えているなかで、自分がこれまで培ったものを使った、それぞれの課題解決の一助になるアプローチは何かとみずからに問うた。

　「新たな事業をかたちづくるにあたっては、『東京を走らせる力』という理念をそこにしっかりと落とし込むことが重要です。そのためには、同社の理念のもと続けてきたコミュニケーションをもって、東京のお店と生活者、そして東京メトロのつながりをより強固なものにするべきだと考えました。『Find my Tokyo.』は実際に行ってみないとわからない東京の街の魅力を現地で発見・体験をしてもらうことをミッションにしていましたから、それを家でもできるようにする。そんなECサービスをつくることで、東京メトロの新規事業のきっかけにできたらと考えたんです」

広告フレームの事業化というチャレンジ

　しかしながら、技術、コスト、認知・市場開拓など、ECサービスの構築をゼロからスタートするうえでは、高いハードルが数多くある。そこで、萩原たち博報堂チームは、東京メトロと博報堂がもつ既存の広告フレームを活用するという選択をした。

　「マーケティングコミュニケーション（広告フレーム）をビジネス（事業）にする。つまり、東京メトロが行なってきた『Find my Tokyo.』という広告キャンペーンそのものを事業にしていくチャレンジです。広告を制作・発信して終わるのではなく、そこで培ったアセットを活用して事業として展開することが、課題とミッションをつなぐ最も有効なアプローチだと考えました」

　こうした考えのもと考案したのが「Find my Tokyo.BOX!」である。東京メトロ沿線の店舗の「商品」と、その商品をより楽しむための動画コンテンツの視聴という「体験」をセットにして販売。商品とともに調理過程、秘蔵レシピといった限定動画を通じて、購入者に「新しい東京体験」を提供することを狙った。

　ここでは、広告制作のプロセスがほぼそのままEC事業のバリューチェーンとして機能した。まず、過去に「Find my Tokyo.」で紹介&ロ

ケを実施した店舗のつながりを生かして出店店舗を模索。「Find my Tokyo.」が過去7年間のなかで構築していた地域の飲食店や小売店との関係値によって、各店舗の協力・協業をスピーディーに取り付けられた。広告制作における「ロケ店舗の探索・交渉・コミュニケーション」が、EC事業での「出店店舗の探索・営業」を短縮し、〈仕入れ・調達〉をスムーズにした。

　また、CM・Webでの既存の店舗コンテンツ企画やすでにプロジェクトに深くかかわっている制作チームといった「コンテンツ制作力」は「商品企画や販促動画の制作〈生産〉」に生かすことができた。

　さらに、非常に高い「Find my Tokyo.」という企画とフレーズの認知・好感度（同キャンペーンは、認知率が関東エリアで約6割、好感度は約8割を超えるシリーズとなっていた）、SNSのフォロワーといった既存の「ブランドイメージと顧客基盤」をベースにスタートしたことで、ゼロからお取り寄せサービスをつくるよりも、圧倒的なスピードで認知と集客につながる〈顧客獲得〉。加えて、東京メトロが自社で保有している地下鉄車内や駅構内などの空き広告枠を使って、継続的にリマインド施策を打つことができる。

　EC事業の運用体制に関しても、博報堂グループ企業で、フルフィルメントの機能（一般的にはECで商品が注文されてからエンドユーザーに商品が届くまで必要な業務全般）をもつ日本トータルテレマーケティングとの連携によって、EC事業としての機能を備えることもできた。

　このように、広告フレームの事業化というチャレンジは、これまで「Find my Tokyo.」で培った制作プロセスや顧客基盤をEC事業の〈仕入れ・調達〉〈生産〉〈顧客獲得〉に活用することで行なわれていった。

足りていなかった生活者発想

　こうして開発された「Find my Tokyo.BOX!」は約3カ月をかけて事業検証が行なわれたが、KPIは達成していたものの、想定以上のイン

東京 ▨▨▨▨ 入門 BOX

パクトは得られなかった。当時、自宅での食事の充実や自炊の需要も上がっていたことを見越しての動画コンテンツの視聴アクションも、低調な結果に終わった。

「既存の『Find my Tokyo.』を事業化するという設計自体は正しかったけれども、事業設計にとらわれ過ぎて生活者発想が足りていませんでした。『売れるか売れないか』の事業性を想像するだけで走り出すのではなく、よりユーザーのリアルな意見に耳を傾けなければならないと再確認しました」と、萩原。

ECでのお取り寄せの感覚や利用シーン、利用人数など、把握できていなかった生活者の視点をキャッチアップするために、ユーザーのリサーチと企画検討を何度も繰り返した。その結果着目したのは、「コロナ禍によって、自宅での食を充実させるべくECにかけるお金がかなり大きくなっている。そのなかで『ECでの選択に失敗したくない』という気持ちが大きくなってきている。ただし、ECでの購入前に入手可能な情報だけで、自分の好みに合った商品を選択できる自信がない」ということだった。

メトロ沿線の生活者の生活圏である東京都心は、食のプロの飲食店が集まっている世界有数の場所である。そうした専門店の方々が取り扱う商品の「食べ比べ体験」を提供できれば、生活者の需要に応えられるのでは……というアイデアが生まれた。

「意義やフレームだけでは乗り越えられない。そう痛感して、まず魅力的な商品とは何か、お金を払いたくなるいい体験とは何か、という問いを前提に、『事業設計』と『商品の魅力』の間を行ったり来たりしました。この、広告の仕事で当たり前に行なっているプロセスを徹底したことで、『東京〇〇入門BOX』にたどり着きました」

なぜフィジカルな価値に還元するのか

萩原たち博報堂チームは、「たった4種類味わうだけで、その世界が大体わかる。」と新たに銘打ち、ひとつの食のジャンルで異なる商品を食べ比べ、さらにその食の世界の解像度を上げる、という体験に置き換えた。

「東京〇〇入門BOX」は、小竹向原「クリオロ」と組んだ東京チーズケーキ入門BOX、落合「紀州梅干 味覚庵」との東京梅干し入門BOX、銀座一丁目「OLIVIERS&CO」との東京オリーブオイル入門BOX、築地「築地ホクエイ」との東京まぐろ入門BOXなど、連携した店舗が取り扱う4

種の商品をセレクトしている。

　また、各商品の味や特徴を４象限に分類したマップを同梱。商品の魅力や産地・製法・種類ごとの違い、その商品にまつわるコラムなども記載されている。これらを通して、商品とそのジャンルへの理解が深まり、より自分で自分が好きなものを選べるようになる。また、具体的に人に薦められるようになり、商品の魅力が波及していく。そんな体験を提供することが狙いだ。

　萩原は、このマップにクリエイティブの力が大いに発揮されていると語る。

「例えば梅干しのマップであれば、ただ塩分濃度や酸っぱさ、甘さといった味の特徴で区切るのではなく、主役／脇役、クラシック／モダンといったカテゴライズをしています。口にしたときのイメージをユーザーによりもってもらうために、言葉を選び取るプロセスに多くの時間をかけているんです。また『どの料理に合うか』といった特徴やつくり手からの提案、あるいはビジュアルデザインなど、ユーザーに体験してもらいたい、あるいはユーザーが体験したいと思うストーリー設計を行ないながら、言葉とデザインによって味に新しい発見を組み込むことを試みています」

　また、食べることでその世界が深まる体験の先に、やはり店舗に実際に足を運び、さらなる新しい発見をしてほしいという、東京メトロが続け

たった４杯で、コーヒーの世界が大体わかる。

東京 コーヒー 入門 BOX

No 01 目黒 / PostCoffee

てきたコミュニケーションの起点となった想いも組み込まれている。マップに実店舗で使えるクーポン券としての機能ももたせているのもそのためだ。

　「東京メトロは東京のインフラを担う事業者としてフィジカルな体験の価値を追求し続けてきた事業者でありますし、飲食店や地域の活力を取り戻すにはオンライン上の収益だけでなく、人の流れによって生まれるその場所の価値が不可欠です。最終的には、その思想に結びつく設計にしなければなりません。実際に店に足を運んだユーザーもいらっしゃるようで、まだ事業検証のフェーズではありますが、その点に大きな手応えを感じています」

　萩原の言うようにいまだ事業検証のフェーズでありながら、すでに東京メトロ沿線店舗だけでなく、さまざまな企業から協業や「東京〇〇

Find my Tokyo. BOX!

たった4杯で、みかんジュースの世界が大体わかる。
東京 みかんジュース 入門 BOX
銀座 / 10FACTORY

たった4切れで、チーズケーキの世界が大体わかる。
東京 チーズケーキ 入門 BOX
小竹向原 / クリオロ

たたき4種類で、まぐろの世界が大体わかる。
東京 まぐろ 入門 BOX
築地 / 築地ホクエイ

たった4種類で、チョコレートの世界が大体わかる。
東京 チョコレート 入門 BOX
代々木公園 / Minimal - Bean to Bar Chocolate -

入門BOX」の事業フレームを活用した企画の提案が舞い込んできている。

「『うちの商材でもBOXをつくれませんか?』というお声がけなどが中心ですね。toB向けの座組みでプロジェクトを展開し、個人向けのEC事業とは別の収益柱につなげていくことで事業性も継続性も高まっていくはずです。また、東京メトロはリアルのチャネルが大きな武器ですから、例えばパンデミックを乗り越えたインバウンド回復後の世界で、このサービスを何らかのかたちでリアルなチャネルに、かつグローバルに拡張していくといった、新しい事業の軸の種になる可能性をもっていると考えています」

人と社会を束ねるストーリーテリング

萩原が「東京〇〇入門BOX」のマップで用いたストーリー設計の考え方は、さまざまなステークホルダーの中間に立ってプロモーション施策を立案してきた自身の経験に基づいている。

萩原はスマートフォンが普及するこの10年、大手通信業者のコミュニケーションの最前線で、既存IPとのコラボレーション企画にも携わってきた。クライアントの担当営業として、有名アニメ作品やアーティストなど、さまざまなコンテンツホルダーを相手に交渉役を務めるなかで、「クライアントにとってはいいかもしれませんが、わたしたちにとってはマイナスプロモーションです」と、提案を断られる体験を数多くしてきた。

「わたしがそこで実感してきたのは、『なぜ両者がコラボレーションするのか』を問い、双方を束ねるストーリーテリングを行なう重要性です。企業や生活者、社会が見ているものがそれぞれバラバラだと、新しいチャレンジに誰も巻き込んでいけません。これは広告も社会課題も同じことが言えるでしょう。そんなとき、バラバラなものを束ねて人を惹きつけるのがストーリーテリングなんです。営業畑で育った広告会社の人間としては、このストーリーテリングという武器にはプライドをもっていますし、パンデミック以降、競合の壁を越えて企業や生活者、社会のさまざまなプレイヤーが特定のイシューに対して取り組むことがより求められていくなか、わたしたちが武器とするストーリーテリングが、それらを束ねるひとつの鍵になるのではないかと思います」

EPILOGUE

川﨑レナ
Rena Kawasaki

×

WIRED

「ワクワクこそが

サステナブル」と

"未来"は言った

——— あとがきに代えて

わたしたちは、これから生まれてくる「未来を生きる世代」が暮らしやすい"社会の仕組み"や"自然環境"を、多様性／多元性を担保したうえで残すことができるだろうか。「グッド・アンセスター（よき祖先）」であるためにわたしたちに欠けている視点があるとすれば、それはいったい何だろうか……。本書の編集を伴走してきたWIRED編集部が、"次世代"との対話のなかからその兆しをたぐり寄せる。

従来ならここからの数ページは、「あとがき」としてポライトな文章が収まるべきところだろう。しかし本書──アタマの片隅でその事態／実態を認識しつつも、なかなか意識を向けることができずにいた社会課題に対し、思いも寄らないアプローチによって人々の意識を変え、行動を促してきたクリエイターたちの熱量を汲み取っていただくことで、何かしらみなさんの「これからの活動」に役立つヒントや気づきをもたらすことを目指してきた本書──としては、最後にもうひとつ、読者のみなさまにもち帰っていただきたい視座を用意したいと思う。「いま」ではなく、少し先の「未来」では何が課題となりえ、その解消に向けてどのようなアティチュードでクリエイティブなアイデアを絞り出していけばいいのか、という視座だ。

　といいつつ、正直、わたしたちも明快な答えをもち合わせているわけではない。だったらいっそシンプルに、未来のことは未来を生きる人に訊いてみようということで、ネクスト・ジェネレーションとの対話の場を設けることにした。

　お招きしたのは川﨑レナさん（2005年生まれ）。若者の社会参加のための社会活動を積極的に行ない、子どもの権利のために大きく貢献した若者に贈られる「国際子ども平和賞」を日本人として初めて受賞した経歴のもち主だ。バイオベンチャー企業ユーグレナの2代目CFO（Chief Future Officer：最高未来責任者）として、その名を目にした人もいるかもしれない。

　数年前、とあるスウェーデンの少女は、大人に「おとしまえ」をつけてもらうべくFridays For Futureなるストライキを起こしたが、果たして川﨑さんは、いまの大人たち（つまりわたしたち）に対してどのような印象をもっているのだろうか──？

ネコの動画の合間に社会問題を

WIRED　まずは、川﨑さんの「情報の取り方」について教えてください。普段はどのようなメディア（検索、SNS、動画、テレビ……）のどのようなコンテンツをご覧になっていますか？

川﨑　もちろん、朝、学校へ行く前にテレビも観ますが、自分で情報──例えば社会問題だったり──を取りにいく際はInstagramを見ています。

WIRED　社会問題をインスタで！

川﨑　はい。そうした情報をまとめてくださっているアカウントをフォローしています。あとは、学校の授業で英語の記事がテーマになったこと

もあるので、ウォール・ストリート・ジャーナルとかニューヨーク・タイムズなども目を通しています。メディアではキャッチできないものはSNSで、SNSでキャッチした情報をテレビやネットで確認したり、という感じです。

WIRED 社会問題のなかでも、とりわけどのような領域を集中的に見ているのでしょうか？ 例えば気候問題とか。

川﨑 いちばん興味があるのは政治行動論です。どうやって若者一人ひとりの意識とか行動を変えて、それが最終的に国をよくしていくことにつながるか……といったことに関心があって、大学でもそのあたりについて学びたいと思っています。

WIRED そうか、川﨑さんは「政治家と話してみようの会」という活動を定期的に行なっているんですよね。

川﨑 はい。なので、政治に関連するオピニオンや論文を読むことが多いですし、政治関係のトピックスについて、各新聞社がどんな論調で取り上げているのかを読み比べて把握するようにしています。とはいえ、人権問題にせよ環境問題にせよ自然とタイムラインに出てくるので、全部に注目することは難しいですが、なるべくキャッチするようにしています。

WIRED 日々、すごい量の情報に触れているわけですね。若いとはいえ疲れませんか？

川﨑 SNSだと、かわいいネコの動画のあとに社会問題の動画が流れてきたりするので、授業の合間に見たり、クラスの誰かが話題にしていることをスマホで調べてみたり……という感じなので疲れることはないです。

WIRED SNSを入り口にしていると、誰しもが何かしらのエコーチェンバーにとらわれるはずですが、意識していろいろなメディアを読み比べるという視点を、よくおもちだなと驚かされました。それは川﨑さんが特殊なのですか？ それとも周りがそういう環境なのでしょうか？ ある意味メディアを信じていないというか、自分の判断材料として入れるという意識は、同世代の方々はみなさんもっているのでしょうか？

川﨑 学校でTOK（Theory of knowledge guide）という授業があって、そのなかでエコーチェンバーやフィルターバブルについて学びました。なので同級生たちも、メディアやSNS経由で得る情報の真贋については気を配っていると思います。

WIRED フェイクニュースはどんどん数が増えて巧妙になり、見分けるのが難しくなっていますね。

川﨑 ほんとに。記事が嘘をついて

いるのか、コメントが嘘をついているのか、もはやパッとは見分けがつきません。最近はChatGPTも登場したりしているので、何が本当なのかを見分けるスキルは今後ますます大事になってくる気がします。だからこそ読み比べは有効だと考えていますし、もっというと、原点に戻って「顔を突き合わせて対話をすること」が重要視される時代になってくるんじゃないかという話を、同世代たちとよくしています。何もかもがホントかウソかわからないからこそ、会って話すことの意味が増す時代になっていくんじゃないかなって。

WIRED　「政治家と話してみようの会」は、まさにそれを実践しているわけですね。

川﨑　そうなんです。バイアスを全部なくすことは難しいですが、それでも、膝を突き合わせて話をすることはとても大切だと思います。

対立よりも対話が重要

WIRED　ところで、アメリカでは2028年を目処にミレニアル世代＋Z世代が参政権をもつ人口の過半数に達するといわれています。彼ら／彼女らの多くはとてもリベラルなので、社会のOSが変化、つまりはいまのようなグローバルな市場経済か

ら、もう少し地域（ネイバーフッド）に軸足を置いた社会民主主義的な価値観へと転換していくのでは……という見方も出ています。でも残念ながら、少子化が進む日本では、その世代が過半数になることはなさそうですよね。そもそも国境という枠にとらわれていないのかもしれませんが、海外の同世代とどう連携を取り、それを日本社会にフィードバックしていくイメージをおもちですか？

川﨑　世界を見渡すと、いま、いろいろなところで「大人対子ども」といった二項対立が起きています。それを遠巻きに眺めて面白がっている人たちや、子どもたちを応援してくれる大人も少なからずいると思うのですが、自分の意見を否定されてばかりでは、その声を聞く気にならないのは当然だと思います。社会的な効果という面で捉えると、対立することが果たしていいことなのかという疑問があります。だからこそ、わたしたちの世代、少なくともわたしたちの団体（国際NGO「アース・ガーディアンズ」日本支部）では、何かを否定するのではなく、一緒に何かをしていったほうがいいと考えて行動しています。そのほうがわたしたちのよさも生かせますし、上の世代の方々の意見も取り入れた解決策がどんどんつくられていくんじゃないかなって。デモ

のような反発活動も時には必要かもしれませんが、それと同じくらい、わかり合ったり一緒に何かをしていくことが重要だと考えています。

　わたしたちは社会に出て働いたことがないので、そのあたりの経験や気持ちがわからないと判断できないこともあるはずです。その一方で、大人だけで決めると、未来の世代にとってよりいい解決策にならないこともあるので、どうにかして連携することは大切だし、それが意外とお互いにとっての価値になると思っています。実際、日本の学生団体のアクションって、海外と比べてビジネス的な連携が多い気がします。それこそFridays For Futureのグレタ（・トゥーンベリ）さんは、絶対に行政の人たちと仲よくしたりしないと思うのですが、日本のFridays For Futureのメンバーは、行政の人たちと仲がよかったり、企業と連携したりしています。どちらが正しいとかではなく、風土に合っているかどうかなので、そこは面白いなと。

WIRED　ローカライズというかアダプテーションがきっちりされている、ということですね。

川﨑　そうですね。なので、そこは変えなくていいと思います。日本はどこに行っても上の世代が多いわけですが、わたしとしては、そうしたカタチのほうが持続可能でいい関係を築けると思っています。

ワクワクがいちばんサステナブル

WIRED　本書では、広告会社である博報堂の人たちが「社会課題をクリエイティブに解いた」事例を取り上げているわけですが、川﨑さんの周りで、社会課題解決に対する面白いアプローチなどがあれば教えてください。

川﨑　わたしの知り合いで、ゲーム感覚でゴミ拾い活動をしている人がいます。鬼から逃げながらゴミを拾うみたいなことをいろいろな地区でやっていて、いまでは小学校の出張授業もやっています。社会貢献活動をゲーム感覚で自然と学べるようにする仕組みは、とてもクリエイティブだと感じました。あと、U-23サミットに参加したときにも印象的なことがありました。「食の問題を解決したい」といったテーマで議論をしたとき、ハンターの人が鹿肉のおいしい食べ方を広めていたり、シーシャ（水たばこ）を使って夜の街をもっと楽しくすることで、地域を活性化しようとしていたり、万人向けというよりはひねりが利いたアプローチで活動しているコミュニティがいろいろあって、そういう活動が印象に残りました。

WIRED 楽しく活動して、それが結果として何かの役に立っているというほうが、おそらくサステナブルですよね。

川﨑 おっしゃる通り、「楽しい」とか「好きだから」といった感情が入らないと、続けられないと思います。わたしは、ワクワクがいちばんサステナブルだと思っているんです。もちろん、やらなければいけないことはきっちりやる必要があります。でも、社会課題解決って大変なことも多いので、そこに、自分が楽しめることとかワクワクすることが入っていることってとても大事なんです。それが持続可能性を高めるいちばんの秘訣だと思っています。グリーンウォッシュとか言われている会社に違和感を覚えるのは、そういうところなのかなって。おそらく運営している人たちに「それをやりたい」とか「楽しい」といった要素が足りていないのかもなって。もちろん、結果として社会に何かしらが還元されていたら、どういう意図があれいいと思うのですが、活動の持続性という意味では、なかの人たちも、もう少し楽しくやれたほうがいいはずだって思います。

WIRED ワクワクがいちばんサステナブル——。とてもすてきなフレーズをいただきました。それでは最後に、川﨑さんにとってのクリエイティビティとは何か、という点について教えていただけますか？ ワクワクをつくるのがクリエイティビティかもしれないし、人のことを想像しながら対話できることもクリエイティビティといえるかもしれないわけですが。

川﨑 わたしが通っていた学校は、インターナショナルバカロレアというカリキュラムに則っているのですが、そこでは、ものすごく長い論文を高校3年生までに書かなければいけないことになっています。でも今年になって、人工知能（AI）を使っていいという発表があったんです。それを聞いてわたしたちの学年全員が「3年間の努力は何だったの!?」ってショックを受けたのですが、よくよく考えてみると、過程にこそクリエイティビティが潜んでいるんじゃないかって思ったんです。「これがワクワクするプロダクトだよね」とか「これがワクワクする結果だよね」といったアウトプットを考えることはAIでもできると思うのですが、みんなで痛みを分かち合って絞り出す汗みたいなものが、最終的には人間にしかできないクリエイティビティなんじゃないかなって。

例えばユーグレナのCFOをしていたとき、会社への提言内容を、一緒に活動しているFutureサミットのメンバーたちとかなりの議論を重ね

て、最終的に多様性のワークフレームや新しい人事制度に行き着いたことがありました。もしかしたらAIでも同じことができたのかもしれませんが、結論が出るのが早いとか遅いではなく、プロセスのなかで得た感情的なことが、あとから思えば、結論に至るクリエイティビティにつながっていたなと気づいたんです。仕事とか成果って、スキルやプロダクトとして見られることが多いと思いますけれど、それを生み出す過程で感じるワクワクとか衝突とか、初めて何かがわかったときの感動とかは、AIにはわからないんじゃないかなって思います。わかり始めたら怖いですけど（笑）。

みんなと何かを行なう過程で感じた一つひとつの感動は、自分の意見だったり、価値観だったり、生き方を変えられる力をもっていると思うので、そういうプロセス自体を提供することがクリエイティブなのかなって、いまは思っています。

WIRED すごいですね。メチャク
チャ勉強になりました。川﨑さんのお話を聞いて、とてもよかったです。これからの日本に対してきちんとまなざしをもって考えて活動されている、ということもすばらしいですし、この取材自体がとてもクリエイティブだったと感じています。ありがとうございました。

川﨑 褒め合いみたいになってちょっと恥ずかしいのですが（笑）、そうおっしゃることができること自体がすごいなと思います。実際、「なに生意気言ってるんだ」と感じられる方も多いので。わたしは、肯定してくださる大人の人たちに囲まれてきたからこそ、いまの発言だったりいまの活動ができているんじゃないかなと思います。わたしも、大人になったら「それほんまに面白いな」って言える人でありたいなと思います。

WIRED 世代に関係なく、一緒にいい未来をつくっていけるといいですね。引き続きよろしくお願いします。

川﨑 こちらこそよろしくお願いします。

2005年大阪府生まれ。国際的NGO「アース・ガーディアンズ」の日本支部代表。環境や人権の問題に取り組み、若者と地域の政治家が気軽に意見交換できる「政治家と話してみようの会」などを開催。バイオベンチャー企業ユーグレナの2代目CFO（Chief Future Ofiicer：最高未来責任者）のほか、10代が未来に向けて議論する「U18サミット」（23年3月開催）の運営なども実施。22年11月、オランダに本拠を置く児童権利擁護組織「キッズライツ財団」が主催する「国際子ども平和賞」を世界46ヵ国175人以上の候補のなかから受賞。

EXCITEMENT
IS
THE
MOST
SUSTAINABLE
WAY
TO
ACHIEVE
SOCIAL CHANGE

博報堂

嶋 浩一郎
本田能隆
村山 駿
藤波真由

「博報堂 ソーシャル・クリエイティブ・プロジェクト」とは?

クリエイティビティによって、ビジネス課題だけではなく、社
会課題の解決にも挑む博報堂のプロジェクトチーム。クリエ
イターからプロデューサーまでさまざまなナレッジを有した
メンバーが"答えのない時代"の課題解決に取り組んでいる。

WRITERS / PHOTOGRAPHERS

11 CASE STUDIES

EDITORIAL

編集	小谷知也(『WIRED』日本版)、
	和田拓也
イラスト	yunosuke
写真	吉松伸太郎
ブックデザイン	富塚 亮(OAK)

答えのない時代の教科書

社会課題とクリエイティビティ

2023年8月31日 第1刷発行

著者	博報堂 ソーシャル・クリエイティブ・プロジェクト
編集協力	『WIRED』日本版
発行人	衣笠雄一郎
編集人	小谷知也
発行	コンデナスト・ジャパン 〒150-0002 東京都渋谷区渋谷2-11-8 大菅ビルディング7階 TEL 03-5485-8751（WIRED編集部）
発売	株式会社プレジデント社 〒102-8641 東京都千代田区平河町2-16-1 TEL 03-3237-3731
印刷・製本	凸版印刷株式会社

ISBN978-4-8334-4131-5